DERNIERS TRAVAUX

AUX BOHÉMIENS

DANS L'EUROPE ORIENTALE

LES DERNIERS TRAVAUX

RELATIFS AUX BOHÉMIENS

DANS L'EUROPE ORIENTALE

LES

DERNIERS TRAVAUX

RELATIFS

AUX BOHÉMIENS

DANS L'EUROPE ORIENTALE

PAR

PAUL BATAILLARD

———

Extraits de la *Revue critique*, nᵒˢ 171 et 181, t. 2 de la 5ᵉ année (1870-1871), p. 191-218 et 277-323.

PARIS

LIBRAIRIE A. FRANCK

F. VIEWEG, PROPRIÉTAIRE

RUE RICHELIEU, 67

—

1872

L'auteur recevrait avec reconnaissance toute communication relative aux Bohémiens. Il demande particulièrement qu'on veuille bien lui adresser (rue Notre-Dame-des-Champs, 41, à Paris), ou au moins lui indiquer, au moment de leur publication, les articles ou brochures, qu'il est souvent fort difficile de se procurer à une date un peu éloignée de celle où ils ont paru. En sollicitant l'envoi, même des entrefilets de journaux, notamment de ceux qui concerneraient les *Bohémiens hongrois* voyageant hors de leur pays (voy. sur eux note 3 de la p. 4, p. 22, note 3 de la p. 40 et note 1 de la p. 63), il recommande qu'on ne détache jamais ces articles du journal qui les a donnés ou reproduits, sans y inscrire le titre et la date de ce journal.

Pour ce qui regarde ces Bohémiens hongrois (vrais nomades pourvus de tentes et de charriots, la plupart chaudronniers, reconnaissables aussi aux gros boutons d'argent qui ornent leur vêtement étranger), les premières informations à recueillir en chaque endroit doivent porter sur leur nombre, celui de leurs tentes ou de leurs charriots, sur la date de leur arrivée et celle de leur départ, sur la direction suivie par eux, sur les noms des chefs, enfin sur tout ce qui peut fournir un élément précis à l'histoire des itinéraires de ces petites bandes, qui tantôt se séparent et tantôt se rejoignent. Prière aussi à quiconque aurait connaissance de la présence de quelques-uns de ces Bohémiens hongrois à Paris ou dans les environs, d'en avertir *immédiatement* l'auteur, en lui indiquant *exactement* le lieu du campement.

Les derniers travaux relatifs aux Bohémiens dans l'Europe orientale.

En écrivant le compte-rendu d'un petit livre sur les Bohémiens de la Moldo-Valachie, inséré dans ce recueil [1], la pensée m'est venue de passer en revue les diverses publications qui, dans ces dernières années, ont été consacrées à l'histoire des Bohémiens ou de leur langage dans l'Europe orientale. Comme la matière est généralement assez peu connue, comme, d'autre part, ces publications, j'entends celles qui ont une valeur originale, ne sont pas nombreuses, je rappellerai d'abord, mais en m'y arrêtant le moins possible, les écrits plus anciens qui conservent encore une réelle valeur.

Je laisse de côté, bien entendu, les récits et même les notices, quelquefois intéressantes, qu'on trouve éparses dans les relations de voyage ou autres livres du même genre, et les renseignements fournis par divers ouvrages d'histoire ou de statistique de ces contrées. Je cherche des études spéciales et sérieuses sur les Bohémiens des immenses régions qui s'étendent depuis la Sibérie et la Baltique, jusqu'au Caucase, jusqu'aux îles de la Méditerranée orientale, jusqu'à la Sicile et jusqu'à l'Italie elle-même; et je suis forcé de constater qu'elles sont rares. Je n'irai pas jusqu'à dire que les Bohémiens de Perse, de Syrie et d'Égypte nous sont mieux connus que ceux de la plupart des pays compris dans cette zone [2]; — car ils sont beaucoup plus malaisés à connaître, moins en raison de leur éloignement, qu'à cause de la variété de leurs aspects, de leur division souvent très-compliquée en tribus diverses, et de la difficulté de les distinguer nettement au milieu de tant de races nomades qui leur ressemblent par le teint, le genre de vie, etc., à quoi il faut ajouter les obstacles qu'offre au voyageur le milieu social; — mais ceux-là du moins ont été l'objet de quelques notices sub-

---

1. *Revue critique* du 28 mai 1870.

2. Cela serait positivement vrai, cependant, pour certaines parties extrêmes de l'empire russe, notamment pour la région si importante du Caucase, et même pour la Finlande, où je sais pourtant que l'aumônier de la prison de Sweaborg (Helsingfors), M. Reinholm, préparait, il y a déjà plus de dix ans, un travail que j'attends impatiemment. Si M. Reinholm peut nous donner sur les Bohémiens de Finlande une étude de la valeur de celle de M. *Sundt* sur les Bohémiens de Norwège (*Beretning om Fante-eller Landstryger-folket i Norge*, Christiania, 1850, in-8° de V, VI et 394 p., dont, depuis longtemps, je possède en ms. la traduction complète, due à l'obligeance de M. Eug. Beauvois), il aura rendu un grand service aux études bohémiennes. Quant à présent, tout ce qu'on sait, ou peu s'en faut, sur les Bohémiens de Finlande se résume dans six pages de l'article de M. Sophus Bugge (un Norvégien) : *Vermischtes aus der Sprache der Zigeuner*, dans les *Beiträge* de Kühn et Schleicher, 2° cahier, 1857. — La Sicile, comme nous le verrons, est encore plus mal partagée, et je pourrais nommer d'autres contrées encore.

stantielles, tandis que, sur les Bohémiens des trois quarts de l'Europe, on ne fait trop souvent que répéter les notions générales, depuis longtemps acquises, qui s'appliquent plus ou moins exactement aux Bohémiens de tous les pays, et reproduire certaines données historiques, qui, pour être généralement admises, n'en sont pas moins erronées.

Pour l'immense Russie, qui comprend des régions si distantes et si diverses, et où conséquemment les Bohémiens peuvent présenter de grandes diversités, notamment en ce qui touche aux traditions, aux coutumes, aux traits de mœurs, je ne trouve à citer que deux écrits, tous les deux relatifs à leur langue : — D'abord la liste de 220 mots recueillis à Bielogrod (à mi-chemin à peu près entre Moscou et la Crimée) par Wasili Szujew[1], dans son *Voyage de Saint-Pétersbourg à Cherson*, fait en 1781 et 1782 (trad. allemande, 1re partie, Dresde et Leipzig, 1789, in-4°, p. 123-134. — Voir quelques mots de plus dans Pott, *Die Zigeuner*, t. I, p. 15) : vocabulaire qui mérite une mention, à cause de la rareté des documents lexicologiques bohémiens pour la Russie. — Puis le travail (en allemand) d'un savant orientaliste, M. Bœhtlingk (d'après les matériaux linguistiques fournis par M. Michel Grigoriew habitant Moscou), inséré dans les *Mélanges asiatiques tirés du Bulletin... de l'Académie de Saint-Pétersbourg*, t. II, 1re et 2e livr. 1852, p. 1-35, 123-132[2]. Le 1er article comprend 7 p. d'introduction, 13 p. d'observations grammaticales, 3 ou 4 p. d'échantillons de langage qui sont des lambeaux de chansons, et 11 p. de vocabulaire. Le 2e article ne se compose que d'un vocabulaire supplémentaire. Tous les mots bohémiens, tant dans la partie grammaticale que dans les deux vocabulaires (bohémiens-allemands, dressés, comme celui de M. Pott, selon l'ordre phonétique), sont écrits en caractères russes[3], ce qui n'est pas commode pour tout le monde. Ce travail est une sorte de supplément au livre de M. Pott, auquel se réfèrent presque tous les articles du double vocabulaire. — Peut-être devrais-je ajouter ici une indication que je regrette de ne pouvoir préciser davantage: Un M. Grigoriew, que je suppose être le même que je viens de nommer, a publié, m'assure-t-on, dans une Revue russe, dont on me promet le titre exact depuis deux ou trois ans, un article sur les chants tsiganes, sujet très-neuf[4] et qui peut devenir fort intéressant.

La Pologne est un peu plus riche. J'y signalerai d'abord une dissertation de Tadé Czacki sur les Cygans (en polonais), publiée, après la mort de l'auteur (arrivée en 1813), par les soins de Michel Wiszniewski, Cracovie, 1835 (indi-

---

1. Le vrai nom est *Sujew*. Voir Boehtlingk, note de la p. 3, qui donne le titre de l'ouvrage original en russe.

2. Dans le *Bullet. histor.-philolog.*, ces deux articles sont au t X, n°° 1, 2 et 17

3. Pour justifier ce parti pris, M. Boehtlingk (p. 8) se fonde sur ce que « les mots » russes entrent pour une moitié environ dans la langue bohémienne. »

4. C'est M. Borrow qui a le plus fait à cet égard, mais parmi les Bohémiens d'Espagne seulement (*The Zincali of Spain*, t. II de la 1re édit., London, 1841). — M. Vaillant, de son côté, dans son vol. de 1857, indiqué plus loin, a recueilli quelques bribes au passage. Voir aussi pour la Hongrie la communication de M. Reuss à M. Pott, mentionnée à la fin du présent travail.

cation que m'a fournie le vénérable Lelewell en déc. 1844). Je n'ai pu parvenir
à me procurer cette brochure ; mais je sais par un érudit roumain, M. Hajdeu,
qu'elle est reproduite dans les œuvres complètes de Czacki, Posnán (Posen),
1845, in-4°, t. III, p. 285-304, qui malheureusement ne sont pas à la Bibl.
nat. J'ai lieu de croire que les deux derniers §§ (il y en quatre) ne sont pas
sans intérêt; je suppose d'ailleurs que la note de 2 ou 3 p. in-4°. contenue dans
La Législation lithuan. et polon. de Czacki (en polonais) Warzowie, 1800, in-4°,
t. Iᵉʳ, p. 237-239, aura été refondue dans cette notice. — La Pologne a produit
en outre une grosse brochure de Ign. DANILOWICZ, *O Cyganach Wiadomosc
Historyczna*, Wilna, 1824, in-8° de 116 p., qui n'est dans son ensemble qu'une
traduction résumée de Grellmann, 2ᵉ édit.[1], comme l'auteur le reconnaît lui-même
p. 10 (le vocab., les déclinaisons et les conjugaisons sont littéralement copiés);
« il y a ajouté, dit-il, les renseignements fournis par les lois et les auteurs de
» Pologne et de Russie, » et l'on y trouve en effet quelques passages à glaner.
— Vient ensuite un volume de Théod. NARBUTT, *Rys historyczny ludu Cygáns-
kiego*, Wilna, 1830, in-8° de 176 p., que je ne puis guère apprécier, n'ayant
pas eu encore l'occasion de faire traduire les parties où j'ai cru entrevoir du nouveau. Je remarque avec regret que ce n'est toujours pas une histoire spéciale
des Bohémiens de Pologne ni une enquête faite sur le vivant, que c'est encore
principalement une notice sur les Bohémiens en général. Je viens de m'assurer
du moins que le vocabulaire alphabétique polonais-latin-bohémien de Narbutt
(p. 152-169), n'est pas un simple remaniement des listes bohém.-polonaises
(sans ordre alphab.) de Danilowicz ou des listes boh.-allem. de Grellmann, ce
qui est la même chose. Je constate en même temps que les formes des mots sont
généralement excellentes et la plupart identiques à ce que nous connaissons de
plus pur (les comparaisons avec Paspati — analysé plus loin — donnent des
ressemblances surprenantes). C'est donc là un glossaire d'autant plus utile à
indiquer que l'ouvrage de Narbutt n'est jamais cité, et qu'il est resté inconnu,
même à M. Pott, même à M. Bœhtlingk, qui mentionne avec beaucoup d'éloges
(1ᵉʳ article. note de la p. 3) celui de Danilowicz, sans paraître se douter du peu
d'originalité de ce travail. Ce glossaire doit contenir à peu près 750 mots, —
car chaque article se compose uniquement des trois mots polonais, latin et
bohémien, avec mention de l'origine indienne, slave, lithuanienne ou autre du
mot bohémien. Grâce à un coup-d'œil obligeant d'un savant polonais de ma
connaissance sur les p. 149-151, je puis ajouter le peu que l'auteur nous apprend
sur sa provenance : « il a été fait, dit-il, avec beaucoup de soin parmi les Cygans
de la Lithuanie, en prenant pour guide le dictionnaire de Linde » (un diction.
bien connu de la langue polonaise). Sur l'origine indienne de l'idiome bohémien,
M. Narbutt fait quelques observations, qui étaient plus neuves il y a quarante
ans qu'aujourd'hui; mais je noterai les remarques suivantes qui gardent leur
valeur spéciale : Les Bohémiens de Lithuanie ont adopté un certain nombre de

---

1. Sur Grellmann, l'auteur classique sur la matière, voir dans la *Revue Critique* mon
précédent article déjà indiqué, p. 353-354.

mots étrangers, lithuaniens, slaves et allemands, qu'ils ont transformés suivant leur génie en leur donnant des formes bohémiennes. Comparée au vocabulaire de Danilowicz (c'est-à-dire de Grellmann) qui représente surtout l'idiome des Bohémiens hongrois, la langue des Cygans de Lithuanie se rapproche davantage de ses origines indiennes. « Seulement elle a plus de dureté, qu'elle a prise aux » Slaves, par exemple dans l'usage de la lettre *ł* (lettre labiale et palatale, si je » ne me trompe); mais d'après leur dire, cette articulation leur appartient en » propre, et elle se retrouve dans la langue des Cygans de tous les pays : ce » que je laisse à d'autres à vérifier. [1] »

Sur les confins de la zône occidentale, où les Bohémiens ont été l'objet d'études plus variées, je m'arrête aux provinces orientales de la Prusse, Ermland et Lithuanie prussienne, qui ont fourni les recherches du professeur Chr. Jak. KRAUS, de Kœnigsberg, et du pasteur ZIPPEL, doyen à Niebudzen. Les matériaux linguistiques que ces deux intelligents investigateurs avaient amassés, en 1784 et sans doute dans les années suivantes, et qui sont, au jugement de M. Pott (t. I, p. 18) « les matériaux de beaucoup les plus étendus qui aient été jamais recueillis » sur les Bohémiens, » étaient restés pour la plus grande part inédits, jusqu'à ce qu'ils tombassent entre les mains de M. Pott; et ce fut ce hasard qui fit en quelque sorte à ce savant orientaliste l'obligation de produire son grand livre sur la langue bohémienne, *Die Zigeuner in Europa und Asien*, 2 vol. in-8°. Halle, 1844 et 1845. Pourtant, en dehors de la linguistique, quoique y confinant, des observations intéressantes avaient été recueillies par ces deux modestes savants, dont l'un, Kraus, en fit l'objet d'une communication à M. Biester, le directeur de la *Revue mensuelle de Berlin*; et de là sortirent, sous la signature de B. (Biester), Kraus ayant voulu garder l'anonyme [2], deux articles publiés dans cette Revue (*Berliner Monatschrift*, an. 1793) : précieuse notice (contenant en somme 90 p. petit in-8°), qui mériterait d'être rééditée ou, mieux encore, d'être fidèlement traduite en français. Le volume qui la contient (séparément introuvable, du moins pour moi) existe à la Bibliothèque nat. de Paris. (Sur tout cela, voy. Pott, *Die Zigeuner*, t. I, p. xi, xij, et 1, 2, 13, 17-19.)

La Bohême a produit un bon travail de PUCHMAYER (*Romani Czib, Das ist Gramm. und Wœrterb. der Zigeuner-Sprache*, Prag, 1821, in-8° de 88 p.), que je n'ai pu me procurer non plus, ni même voir en original, mais dont je possède par bonheur une traduction manuscrite, faite par feu M. Laget, employé aux Archives de France, et que son fils, mort en 1863, m'a donnée il y a bien des années. — Le vocabulaire est bohémien-allemand.

Poursuivant ma revue, je traverse la Hongrie, la Transylvanie [3], le Banat et

---

1. M. Boehtlingk, de son côté, fait, dans son 1ᵉʳ article, p. 8, d'autres observations phonologiques sur la langue des Bohémiens de Moscou : elles demanderaient à être interprétées par un linguiste familier avec la phonologie russe.

2. Kraus est désigné toutefois indirectement, p. 391 (cf. Pott, t. I, p. 17), et « Herr Pfarrer Zippel, » p. 391 aussi, et p. 364, 392.

3. Je noterai en passant une assez longue lettre de moi, insérée dans un journal hongrois de Transylvanie, le *Magyar-ujság*, du 25 avril 1869; cette lettre a pour principal objet

l'Autriche elle-même, pays d'ailleurs assez riches en notices éparses dans les livres, sans rien trouver de plus notable que le volume de M. LISTZ, sur *Les Bohémiens et leur musique en Hongrie* (Paris, Librairie nouvelle, 1859), œuvre d'artiste, non d'érudit ni même d'écrivain, mais d'une valeur unique en son genre. — On ne doit pas oublier toutefois que c'est principalement de Hongrie que sortent, par l'intermédiaire du conseiller Buttner, le vocabulaire et l'esquisse grammaticale de Grellmann (voy. Grellmann, 2ᵉ éd. allem. p. xiv-xv). — Je ne saurais me dispenser d'ailleurs d'ajouter ici quelques indications qui peuvent avoir leur importance : — Il faut mentionner d'abord MOLNAR, *Specimen linguae Czingaricae* (en Hongrie), Debrezin, 1798, in-8°. M. Pott (t. I, p. 19) n'a pas pu, plus que moi, se procurer cet écrit, que je suppose être une mince brochure. Du reste, si, comme nous l'apprend Predari, p. 212 (sur Predari, voy. plus loin), Molnar a prétendu identifier la langue tsigane à la langue hongroise, cet écrit semble plus rare que précieux. Mais en voici deux autres qui semblent promettre davantage : — *La véritable origine, langue, histoire de la nation czigane, aujourd'hui pour la première fois tirée d'un long oubli..... par E. G.* (ENESSEY Gyorgy), *Magyar des environs de Nagy Gyor. Komorn*, 1798, in-8° de 39 p. (en hongrois ; je ne donne, pour abréger, que la traduction encore incomplète du titre original). — *A' czigany nyelvrol. Toldalek.* (Sur la langue tsigane. Supplément) par ENESSEY *Gyorgy. Gyor* (Raab), 1800, in-8° de 31 p. ¹ — D'un autre côté, le *Dictionnaire de la Conversation hongrois* (1832), dans son article *Cziganyok* (dont Mⁱˡᵉ Klara Lorei a bien voulu me faire parvenir une copie et que M. de Gérando a eu l'obligeance de traduire pour moi), contient le passage suivant : « L'ouvrage de Johan Charles Lubeck, *Patriotisches Wochenblatt für Ungarn* » (4 vol. Pest, 1804), cite, à la p. 219, mai 1804², un dictionnaire czigany, » fait à Komorn par le moine CSIBA *Bonifáczius.* » On m'affirme que ce dictionnaire n'a pas été publié : qui nous donnera des nouvelles du manuscrit ? — Enfin je trouve dans Predari, p. 218-219, une indication aussi curieuse qu'importante, qu'il emprunte à Caronni, *in Dacia*, Milano, 1812, p. 46 et 52 : je

---

de provoquer des informations locales sur la grande bande de Bohémiens hongrois (150 au moins, enfants compris), qui, ordinairement fractionnée en détachements de 30 à 40 têtes, a parcouru l'Occident et particulièrement la France depuis 1866 (et à laquelle, dans le courant de 1869, auraient succédé, si je ne me trompe, plusieurs nouvelles bandes qui semblent moins nombreuses et plus difficiles à suivre). Qu'il me soit permis d'adresser ici un appel du même genre à quiconque pourrait ajouter quelques renseignements précis à la masse de ceux que j'ai réunis sur les itinéraires et les mœurs de ces curieux nomades. Constater en chaque endroit le nombre des voyageurs, la date de leur arrivée et celle de leur départ, la direction suivie par eux et les *noms des chefs*, voilà, pour l'avenir, les premières informations à recueillir.

1. L'indication de ces deux brochures d'Enessey, probablement inconnues de tous les savants d'Europe qui se sont occupés spécialement des Bohémiens, vient de m'arriver, avec celle des articles de la *Revue de Buda-Pesth* et avec d'autres qui m'étaient connues ou qui n'ont qu'un intérêt secondaire, de M. Charles Szabo, bibliothécaire du musée de Kolosvar (Clausembourg), par l'obligeante entremise d'une dame hongroise, Mlle Klara Lœrei, et de M. Attila-Emeric de Gérando. — Ces petites découvertes bibliographiques donnent à penser qu'il y aurait peut-être encore des trouvailles à faire dans les pays mêmes où l'on croit que les Bohémiens n'ont pas été étudiés.

2. On n'indique pas le volume. J'ai du moins complété ci-dessus le titre de l'ouvrage.

transcris le passage : « Un bohémien, nommé *Vistai,* et baptisé chrétien sous le
» nom de *Michel* FARKAR, ayant été placé par son parrain et bienfaiteur au col-
» lége calviniste de Klausembourg (vers 1807), y fit d'assez grands progrès
» pour avoir pu dresser, sur le vocabulaire latin et hongrois, un glossaire de
» 2145 mots de son propre idiome. Mais l'incurie de son professeur Szatmari
» causa la perte de ce précieux trésor; car Farkar mourut, Szatmari mourut,
» et l'on n'a plus jamais eu de nouvelles du glossaire. Caronni lui-même, qui
» cependant vit le manuscrit au moment où il racontait le fait, n'en donne que
» 22 mots, et cela d'une manière tout accidentelle. » Espérons que ce précieux
manuscrit existe encore, et que peut-être le présent avis engagera quelque habitant du pays à le rechercher, à le publier, ou tout au moins à le faire déposer
dans le Musée de Kolosvar ou dans celui de Pesth. — Pour terminer cette liste
un peu longue, mais que je crois utile, il me reste à ajouter une dernière indication, qui pourtant est incomplète (la date des livraisons me fait défaut) : la *Revue
de Buda-Pesth* (*A' Budapesti Szemle*) a publié, dans ses 5e, 6e, 7e et 8e livraisons,
un travail sur les diplômes du roi Sigismond relatifs aux Bohémiens, qui peut
avoir beaucoup d'intérêt. Malheureusement la *Revue de Buda-Pesth* n'est pas à
la Bibliothèque nat. de Paris, et j'apprends à l'instant que ces livraisons, que
j'avais fait demander à Pesth, sont épuisées.

Il faut maintenant faire une halte dans les deux principautés roumaines. C'est
ici la contrée du globe où les Bohémiens sont le plus agglomérés, celle qu'on
peut considérer, avec la Transylvanie et quelques autres régions voisines, comme
leur principal centre européen : qu'y trouvé-je? la brochure de M. KOGALNIT-
CHAN (Cogalniceano) que j'ai suffisamment fait connaître dans mon précédent
article [1]; une autre, de moindre valeur encore, par un Français établi à Bucarest,
M. Alfred POISSONNIER, laquelle a eu pourtant les honneurs de deux éditions
(Boucourest, 1854 et Paris, 1855); enfin les publications de M. VAILLANT, un
autre Français qui, depuis quarante ans, en a passé vingt ou trente en Roumanie,
et qui paraît s'y être définitivement fixé. Son *Histoire des vrais Bohémiens* (Paris,
Dentu, 1857, in-8° de 486 p.) est principalement le résultat de ses longues
fréquentations avec les Bohémiens de ce pays et de préoccupations qui ont
rempli pour lui bien des années. Quel dommage qu'un homme qui s'est passionné
pour cette étude, n'ait pas pu nous dire simplement et avec précision ce qu'il
avait vu et appris, ou qu'il n'ait pas su voir et apprendre ce qu'il importait de
recueillir! S'il y a beaucoup à laisser dans ce volume, où l'érudition prend la
forme d'une science hermétique bourrée d'étymologies fantasques, il y a pourtant à y prendre aussi; et je regrette que la date relativement ancienne d'un
livre qui est dans la librairie courante, ne me permette pas de m'y arrêter
davantage.

---

1. *Revue critique* du 28 mai 1870, p. 354. Je rappellerai ici que la seule partie neuve,
mais bien insuffisante, de cette brochure, a trait à la division des Bohémiens de Roumanie en diverses classes, sujet intéressant qui soulève des questions historiques toutes
spéciales, et auquel se rattache aussi la question de l'origine de l'esclavage des Bohémiens
dans cette contrée.

Je n'ai d'ailleurs pas fini avec M. Vaillant. La tâche philologique ou au moins lexicologique que j'ai reproché précédemment à M. Kogalnitchan de ne pas avoir remplie, dans la mesure où il le pouvait, M. Vaillant se l'est donnée dernièrement ; et ses longues relations avec les Bohémiens, dans un pays où il se rencontre même des Roumains qui savent leur langue, devaient la lui rendre facile. Sa brochure, *Grammaire, Dialogues et Vocab. de la langue des Boh.* (Paris, Maisonneuve, 1868, in-8°), — qui, par une bizarrerie qu'explique sans doute la suppression de quelque hors-d'œuvre comme celui qui la termine, commence à la p. 35 pour aller jusqu'à la p. 158 (restent 123 p.), — se compose de 14 p. de grammaire, de 39 p. de dialogue, de 42 p. de vocabulaire boh.-français sur deux colonnes, et d'une lettre au général Garibaldi qui n'a que faire ici. Tel qu'il est, ce travail, évidemment original, ne peut manquer d'apporter quelques éléments nouveaux ; mais de la part d'un homme plus compétent que moi en matière de linguistique, et plus familier que je ne suis avec la langue bohémienne, il prêterait certainement à bien des critiques. Je me contenterai de dire que l'auteur aurait dû nous donner quelques explications sur ses sources, c'est-à-dire sur les Bohémiens de diverses classes et peut-être de diverses provenances, auprès desquels il a recueilli ses matériaux, qu'il aurait dû aussi, quant à la grammaire, mettre à profit quelques-uns des travaux de ses devanciers, surtout ceux de M. Pott et de M. Paspati, comparer et justifier ses règles, ses déclinaisons, ses conjugaisons, etc., en regard des leurs souvent si différentes, et que, dans le vocabulaire, il n'aurait pas fallu introduire tant de mots roumains sans explication[1] et sans signes distinctifs. — Je ne quitterai pas M. Vaillant, sans lui faire un petit reproche, qui s'adressera en même temps à M. Paspati : c'est de ne pas avoir marqué le genre des noms dans leurs vocabulaires. M. Vaillant donne, il est vrai, p. 36, des règles bien simples, — trop simples, — fondées sur la désinence, pour reconnaître les genres ; mais M. Paspati, qui parle aussi, p. 95, du rapport des désinences avec les genres, reconnaît qu'il n'y a qu'une règle absolue : tous les noms en *o* sont masculins[2] ; toutes les autres règles sont sujettes à exceptions. Par parenthèse, M. Vaillant donne pour féminine une terminaison en *e*, qui, je crois, n'existe pas pour le nominatif singulier : Exemple, *ce* (qui se prononce *tchè* d'après son alphabet), fille ; tous les Bohémiens d'Europe disent *chái, tchái* ou *djái*. A ce compte, *diklè*, ceinture (Vaillant), serait féminin : partout, même dans le vocabulaire de Borrow, qui ailleurs parle du *diclé* (dont je par-

---

1. On trouverait peut-être en partie cette explication dans Kohl, cité par Pott, t. I, note de la p. VII. Kohl remarque (en Transylvanie, je suppose) que « les Valaques, qui » ont le plus affaire aux Bohémiens, ont emprunté à la langue bohémienne une foule de » mots pour désigner des choses et des actions malséantes. » D'un autre côté, un Roumain très-intelligent m'assure (observation fort importante si elle se vérifie pleinement) que tous les termes de métier en roumain, sauf innovations récentes bien entendu, sont empruntés au bohémien. Ainsi un certain nombre de mots bohémiens ont dû passer dans la langue roumaine ; mais il semble que l'inverse a dû se produire encore plus souvent, et la chose aurait mérité d'être éclaircie.

2. Encore M. Paspati, dans son nouvel ouvrage, où le genre des noms est toujours indiqué, mentionne-t-il (p. 44) une exception : *babô*, grand'mère.

lerai moi-même plus loin), je trouve *diklo* ou *diclo*, qui est masculin. D'après ses règles aussi, *pai*, eau (la forme la plus usitée du nom est *pani*), serait féminin ; et pourtant lui-même, au vocabulaire, écrit *baro pai*, mer (grande eau), donnant avec raison une forme masculine à l'adjectif.

Traversons maintenant toute la Turquie d'Europe, laissons de côté la Grèce et l'Archipel, où les Bohémiens n'ont pas encore été étudiés : c'est jusqu'à Constantinople qu'il faut aller pour trouver les plus importantes recherches qui aient été faites dans ces derniers temps. On les doit à un médecin grec fixé dans la capitale de l'empire ottoman, M. PASPATI. Ces recherches, auxquelles je n'ai qu'un reproche à faire, celui d'être exclusivement linguistiques, s'étendent d'ailleurs sur une partie du terrain que nous venons de franchir et qui nous avait paru vide. L'auteur en effet a recueilli ses matériaux à Constantinople ou dans les environs, non-seulement parmi les Bohémiens demeurant autour de la capitale, mais auprès de bon nombre de nomades venant de diverses parties de la Roumélie, jusque du voisinage des Balkans (voy. p. 16-18).—Les premières études de M. Paspati avaient paru, en 1857, dans un journal grec d'Athènes, *la Nouvelle Pandore*, 8ᵉ vol., nᵒˢ 178-182 ; et, depuis, son travail, considérablement augmenté, et traduit du grec en anglais, avec le concours de l'auteur, par un missionnaire américain, le Rév. Cyrus Hamlin, a été inséré [1] sous ce titre : *Memoir on the Language of the Gypsies as now used in Turkish Empire*, dans le *Journal of the American Orient. Society*, vol. VII, année 1861, New Haven (Connecticut), 1862 (in-8° ; le tirage à part a 128 p. [2]). — L'auteur fait cette remarque importante, et qui se trouve en plein accord avec ce que nous savons du langage si altéré des Bohémiens d'Égypte, de Syrie, de Perse, que parmi ceux qu'il a rencontrés à Constantinople et dans les environs, les Bohémiens chrétiens, c'est-à-dire ceux qui évidemment se rattachent davantage aux tribus d'Europe, ont beaucoup mieux conservé leur langue que les Bohémiens mahométans, qui sont en train, dit-il, de perdre rapidement leur idiome, « considérant leur lan- » gage natif comme participant de l'hérésie chrétienne, » et qui sont du reste beaucoup moins accessibles (p. 17). La connaissance parfaite que paraît avoir M. Paspati (voy. notamment p. 8-9 et 19) des langues et même des jargons populaires des contrées qui entourent Constantinople, ainsi que l'étude pratique qu'il a faite de l'idiome bohémien, lui ont permis de purifier les éléments qu'il recueillait des alliages qui y sont trop souvent mêlés ; et c'est une satisfaction singulière pour celui qui a quelque teinture de la langue de nos Bohémiens d'Occident, de reconnaître dans ce dictionnaire, qui vient de si loin, la plupart des formes qui lui étaient connues [3] (les différences grammaticales sont nécessaire-

---

1. Avec des réductions motivées par l'insuffisance des fonds de la Société américaine, comme nous l'apprend le nouvel ouvrage de M. Paspati, *Les Tchinghianés*, p. 6.

2. Et non 120, comme le ferait croire une erreur de pagination qui répète les p. 89-96. — C'est la pagination du tirage à part que je suivrai, mais pour la mettre en concordance avec celle du recueil américain, il suffit d'ajouter le chiffre 142 à la pagination rectifiée.

3. C'est du reste l'impression qu'on éprouve déjà en parcourant les listes de mots de Szujew (quoiqu'ils soient visiblement assez mal recueillis), et surtout les vocabulaires de

ment un peu plus prononcées, voir à ce sujet une remarque de l'auteur, p. 14).
D'un autre côté, M. Paspati est versé dans les études sanscrites ; et son vocabulaire est rempli de rapprochements linguistiques avec le sanscrit et plusieurs
autres langues, notamment avec le persan, dont il constate l'importance particulière dans l'espèce (voy. p. 20-21), comme l'avait déjà fait M. Pott (Paspati,
p. 14).

Ses observations étymologiques sont pourtant la partie faible de son travail,
au jugement d'un maître, M. Ascoli, qui dit que « dans son ignorance complète
« des langues populaires modernes de l'Inde, M. Paspati n'aurait pas dû s'aven-
« turer[1]. » M. Ascoli relève en même temps quelques étymologies sanscrites
que l'auteur grec avait opposées, un peu légèrement paraît-il, à celles de
M. Pott ; il ajoute enfin que la partie raisonnante (ræsonnirende Theil) de la
grammaire est souvent en faute. Mais il rend pleine justice (p. 1-2) à l'importance et à l'excellence des matériaux lexicologiques recueillis, ainsi que de la
partie technique de la grammaire, accentuation comprise ; et il me sera permis
d'ajouter que, sous ce rapport du moins, les connaissances linguistiques de
M. Paspati lui ont été évidemment d'un grand secours. On peut dire d'une
manière générale que, jusqu'à lui, ceux qui avaient recueilli des matériaux
linguistiques bohémiens n'étaient guère linguistes, et que les linguistes qui
avaient travaillé sur ces matériaux avaient manqué des lumières que donne la
connaissance des sources vivantes (M. Pott lui-même était dans ce dernier cas).
M. Paspati, sans être un indianiste consommé, a apporté dans sa tâche de
collecteur de matériaux ce qui avait manqué à la plupart de ses devanciers ; et
cette tâche-là, il l'a remplie de manière à mériter tous les éloges. A son tour,
nous verrons tout à l'heure un indianiste et linguiste éminent, M. Ascoli, se
mettre à recueillir lui-même des matériaux — malheureusement peu nombreux
jusqu'ici, — de langue bohémienne. Voilà le commencement d'une alliance
féconde pour la philologie tsigane.

M. Paspati donne d'ailleurs (p. 17) d'excellentes indications sur la manière
de recueillir les mots et les formes bohémiens : c'est la méthode des dialogues
qu'il recommande ; mais, pour la suivre, une première teinture de la langue est
nécessaire. — Une chose notable qu'il a faite aussi, a été d'intéresser aux études
bohémiennes un jeune Bohémien intelligent et déjà pourvu d'une certaine
instruction (Andréa George), qu'il a eu la bonne chance de rencontrer. Voilà
certes un instrument d'enquête admirable, et qu'il serait dommage, si M. Paspati
l'a encore à sa disposition, de ne pas utiliser pour d'autres objets encore que la
langue.

Avant M. Paspati, on possédait une trentaine de mots de l'idiome des Bohémiens de Turquie ; grâce à lui, on en possède environ 500 (Ascoli, p. 2), avec
des explications plus ou moins étendues sur chaque mot. — Le vocabulaire est
anglais-bohémien, et le comité américain l'a complété très-utilement par une

---

Boehtlingk (d'après Grigoriew) qui donnent des formes beaucoup plus pures.
1. P. 2-3 de la brochure de M. Ascoli analysée plus loin.

table des mots bohémiens. Tout ce travail a d'autant plus de valeur originale et probante, quant à l'unité fondamentale de l'idiome bohémien, qu'il a été fait sans guide, je veux dire sans préoccupation des résultats déjà obtenus d'autre part, l'auteur, qui n'avait d'abord à sa disposition que le vocabulaire si incorrect de Borrow, n'ayant connu l'ouvrage de M. Pott que lorsque son vocabulaire était presque achevé (p. 14).

J'espère cependant que M. Paspati n'aura pas considéré sa tâche comme terminée, et qu'il nous réserve quelque publication complémentaire : pour un homme si bien préparé, et que les critiques mêmes de M. Ascoli ont dû fortifier, il restait encore beaucoup à faire. Son vocabulaire est loin d'être complet, et si l'auteur ne vise pas à le faire tel, il serait souhaitable du moins qu'il l'enrichît d'une foule de mots qui ont une importance spéciale. Il faudrait pour cela qu'il se préoccupât plus qu'il ne l'a fait précédemment de l'histoire et de la vie intime des Bohémiens et des objets qui leur sont particulièrement familiers. Par exemple, une de leurs industries les plus intéressantes est le travail des métaux: J'ai voulu relever dans le vocabulaire de M. Paspati les noms des métaux anciens (étain, zinc, cuivre, bronze, laiton, plomb, or, électre, argent, fer, acier), et, sur ces onze noms, je n'en ai trouvé que quatre (or, argent, fer, acier : ce dernier article, p. '76, a son intérêt). J'ai voulu aussi rapprocher les mots *pique, piquer, lance, flèche, javelot, épée,* et de tous ces mots je n'en ai trouvé qu'un seul, le dernier. Je pourrais multiplier ces exemples d'absence de mots de première importance.

Comme noms ethniques que les Bohémiens se donnent eux-mêmes, M. Paspati n'a trouvé là-bas que le nom de *Rom* (dont il donne une étymologie que M. Ascoli, p. 56, rejette bien loin[1]). Au cas où par hasard le présent article lui parviendrait, j'ose le prier de rechercher si les autres noms ethniques les plus répandus parmi les Bohémiens d'Occident (*Romanitschel, Romnitchel* ou *Roumancel, Manousch* — que M. Paspati donne comme signifiant seulement homme, — *Sinti, Kalé, Mellelé* et *Mellelé-ichel* etc.) sont quelquefois employés parmi les Bohémiens de sa région, ou tout au moins connus d'eux, à commencer par celui de *Sinti* ou *Sinté,* qui a une importance spéciale.

Il serait utile aussi de rechercher le nom que les Bohémiens de là-bas doivent avoir pour désigner les étrangers, les non-bohémiens (*Gadjo ? busno ?* — noms auxquels M. Borrow ajoute celui de *Tororo.* — Je donne ici ces noms au sing.). Des détails sur les diverses tribus bohémiennes de Turquie et sur tout ce qui touche à leurs traditions, à leurs industries et à leurs usages, sont également bien désirables. Par exemple, n'y a-t-il pas parmi les Bohémiens, en Turquie comme en Égypte, des charmeurs de serpents, des magiciens et peut-être des

---

1. Sans prétendre infirmer le moins du monde le jugement de M. Ascoli, je noterai une coïncidence singulière entre l'étymologie proposée par M. Paspati et la forme *Rama* et *Rama-itçel,* que M. Baudrimont (p. 22-23 d'une brochure mentionnée plus loin), trouve à ce nom ethnique dans le pays basque, déduction faite des éléments basques dans le mot *Errama-itçéla.* Voy. aussi *Roma* dans Bœhtlingk, note de ma p. 209.

astrologues? Mais je ne veux pas entrer dans la voie des questions, qui m'entraî-
nerait trop loin.

La seule tribu particulière que signale M. Paspati (p. 47) est celle de
Bohémiens auxquels leurs congénères donnent le nom de *malkóch*, dont il serait
intéressant de rechercher l'explication. Ces Bohémiens, dit M. Paspati, « errent
» continuellement de village en village, particulièrement en Asie, travaillant le
» bronze et le fer, et quant à la religion, ils professent toujours celle du village
» où ils travaillent pour le moment. » Je remarque en passant que ceux-ci
paraissent assez semblables aux Bohémiens hongrois qui parcourent l'Occident
depuis 1866, et qui sont généralement des *calderari* (chaudronniers) venant la
plupart du Banat. Ils font penser aussi aux *kovatsch* (forgerons) de Roumanie,
aux *spoitori* (étameurs) de Roumélie, etc.

La publication de M. Paspati a servi de base principale à un autre travail
important d'un savant orientaliste, professeur à Milan, M. G.-J. Ascoli *(Zigeu-
nerisches. Besonders auch als nachtrag zu dem Pott'schen verke : Die Zig. in Eur.
und Asien.* Halle, 1865, in-8° de 178 p.). Cette brochure se compose de trois
parties bien distinctes, dont la seconde se divise encore en deux. La première
(p. 1-122) est un « Examen critique du Mémoire de Paspati » ; la seconde
(p. 122-154) concerne les Bohémiens d'Italie ; la troisième (p. 154-158) regarde
les Bohémiens du pays basque et particulièrement le *Vocabulaire* de leur langue,
par Baudrimont, Bordeaux, 1862, in-8° de 40 p.

La dernière partie sort de mon cadre, et je n'en parlerai qu'accidentellement.
— La première partie, d'où j'ai déjà tiré les appréciations générales de l'auteur
sur le travail de M. Paspati, est la plus importante. Elle comprend, d'abord,
sous le titre de *Lexicalisches* (p. 4-72), une revue des mots, ou tout-à-fait
nouveaux, ou accompagnés d'explications et de dérivations nouvelles, que le
savant linguiste a relevés dans Paspati ; puis des remarques sur l'*accentuation*
(p. 72-79), sur la *phonologie* (p. 79-86), sur la *formation des mots* (p. 86-92),
sur le *genre et l'article* (p. 93-94), sur la *flexion des noms* (p. 94-103), sur les
pronoms (p. 103-106), enfin sur le *verbe* (p. 107-122). — Quant à la seconde
partie, relative aux Bohémiens d'Italie, pour rester fidèle à l'ordre topographique
que j'ai suivi dans cette revue, je la réserverai pour la fin, et je dirai tout de
suite que la brochure de M. Ascoli se termine par un appendice précieux qui en
embrasse tout l'ensemble : c'est d'abord une double table, dressée comme le
vocabulaire de M. Pott, selon l'ordre grammatical, des mots bohémiens, puis
des formes bohémiennes, qu'il a passés en revue ; ce sont ensuite dix-sept autres
tables contenant les mots et même les formes de diverses langues qu'il a eu à
rapprocher des mots bohémiens et des formes bohémiennes.

La première table dressée par M. Ascoli (*Register .I. Zigeunerisch*) était tout-à-
fait nécessaire, puisque, dans le cours de son travail, il n'avait suivi aucun
ordre lexical. Mais elle laisse subsister un inconvénient inhérent à tous les
vocabulaires qui sont dressés suivant l'ordre phonétique ou grammatical, surtout
pour une langue dont l'orthographe n'est pas fixée. Cet inconvénient, beaucoup
moindre à la vérité, dans un travail peu étendu et dans une table où les mots

se succèdent rapidement, comme c'est ici le cas, devient extrême dans un vocabulaire comme celui de M. Pott : il faut souvent une demi-heure pour y trouver le mot bohémien connu qu'on cherche, et quelquefois même, les formes les plus différentes se trouvant réunies en un seul endroit, on est obligé d'y renoncer. Une table dressée selon l'ordre alphabétique vulgaire, et dans laquelle on reproduirait les formes notablement différentes du même mot, serait donc bien utile. Mais elle ne suffit pas. Il faudrait en outre une table dressée dans la langue de l'auteur pour trouver le mot bohémien qu'on ignore. Si en effet les vocabulaires grammaticaux sont très-instructifs pour le linguiste, si les vocabulaires alphabétiques commençant par le mot bohémien sont nécessaires pour traduire du bohémien, les vocabulaires alphabétiques commençant par le français ou l'allemand, etc., sont peut-être d'une utilité réelle plus grande encore. Comment les Bohémiens expriment-ils telle idée, telle chose ? voilà en effet la question que l'historien de la race bohémienne aura souvent à se poser devant leur langue ; et, dans cette voie, la sagacité unie à la connaissance du génie bohémien et aux lumières que fournira l'histoire de cette race, lorsqu'elle aura été replacée dans son vrai cadre, pourront conduire à des rapprochements intéressants, même sans le secours des vocabulaires grammaticaux qui, du reste, ne donneront presque jamais ces rapprochements tout faits.

Quant aux dix-sept tables que M. Ascoli a eu l'heureuse idée de joindre à la précédente, elles nous donnent, sur les matériaux que le savant linguiste a passés en revue, la proportion des éléments sanskrits, prâkrits, sindhîs, bengâlîs, hindûstânîs, irâniens (c.-à-d. persans, afghans, arméniens, kurdes et ossètes), slaves, romans, germaniques, sémitiques, etc., qui paraissent se rattacher au bohémien, proportion qui, pour être rigoureuse, supposerait un équilibre parfait dans les connaissances linguistiques si nombreuses de celui qui l'établit, mais qui, fournie par un homme aussi compétent que M. Ascoli, présente un extrême intérêt. M. Ascoli a eu soin de ne pas faire entrer dans ces tables les mots arabes dont il avait eu à s'occuper, p. 123-127 (à propos de *La Cingana* dont je reparlerai), et qui n'ont pas de rapport avec la langue bohémienne. Mais il y a mêlé les éléments recueillis par Paspati et ceux qu'il a récoltés lui-même en Italie, ce que je regrette déjà un peu, car il n'est pas du tout indifférent de savoir auquel des deux dialectes appartiennent pour la plus grande part tels ou tels éléments, par exemple, les éléments albanais, grecs, slaves. Quant aux éléments très-altérés qui viennent du pays basque, ils font tout-à-fait disparate dans ces listes, où ils donnent lieu à une petite table basque qui ne saurait avoir la valeur des autres. Les altérations profondes et toutes locales que la langue bohémienne a subies à l'extrémité de la chaîne pyrénéenne n'ont pas en effet la même signification que ses emprunts de diverses natures [1] aux langues de

---

1. Je dis : de diverses natures, parce qu'il est clair qu'ici encore on voudrait pouvoir distinguer les éléments anciens qui ont passé, en bonne partie du moins, dans la langue des Bohémiens de presque tous les pays, et les emprunts plus récents qui restent confinés dans les dialectes locaux. L'importance relative des tables turque, grecque, slave, romane, parmi celles dressées par M. Ascoli, ne doit pas nous faire illusion : il faut se rappeler

l'Orient. Certes ces altérations mêmes ont leur intérêt aussi, mais un intérêt d'un autre ordre[1], et il ne faudrait pas qu'un coup-d'œil superficiel donnât à croire que le basque est entré comme élément général dans la langue bohémienne. Pour tout concilier (car la multiplicité des divisions a aussi ses inconvénients, surtout quand il s'agit de matériaux peu nombreux), il me semble que M. Ascoli aurait dû joindre à ses tables, telles qu'elles sont, quelques unes des observations que je me permets de faire ici, en y ajoutant des remarques sur la quantité relative de tels ou tels éléments étrangers dans la langue des Bohémiens de Roumélie et dans celle des Bohémiens de l'Italie méridionale, et en appelant aussi l'attention, s'il y a lieu, sur certains éléments archaïques qui prouveraient peut-être l'ancienneté de la présence des Bohémiens en Grèce ou ailleurs. — Je prie M. Ascoli de me pardonner ces petites réclamations et de considérer que, loin de trahir une présomption qui serait ridicule, elles sont le fait d'un homme très-pénétré de son insuffisance sur des questions qu'un savant comme M. Ascoli traiterait en maître.

Je m'étonne un peu, du reste, que M. Baudrimont et, avant lui, M. Francisque Michel, dont M. Baudrimont a introduit les contributions lexicales dans son vocabulaire, n'aient pas su, en se défiant des éléments basques, obtenir des Bohémiens eux-mêmes des formes un peu plus pures[2]. Lorsque je visitai la petite tribu pyrénéenne, il y a trente ans (j'étais un jeune étudiant alors), je dressai quelques listes de mots qui, si je les tirais de mes cartons, fourniraient, je crois, des éléments moins altérés. Il est vrai que, depuis ce temps-là jusqu'à la visite de M. Baudrimont, la langue des pauvres Bohémiens de cette contrée[3] a pu dégénérer encore.

Nous avons vu que M. Ascoli reprochait à M. Paspati de s'être aventuré dans les étymologies bohémiennes sans connaître les langues populaires modernes de l'Inde. C'est en effet sur le sindhî et l'afghân que s'est portée principalement l'attention du savant professeur de Milan, comme il l'indique, p. VII-VIII; et, pour conclusion de sa préface, il pose une question qui mérite d'être textuelle-

qu'il s'agit d'éléments recueillis dans la Turquie d'Europe, puis en Italie; il n'y a de vraiment bohémianisés que ceux de ces éléments qui se retrouvent dans des milieux différents. Voilà pourquoi il faudrait, en dressant des tables comme celles-ci, ou réunir des matériaux de toute provenance ayant à peu près même qualité et même importance, ce qui ne peut se faire à volonté, ou mieux encore, dans tous les cas, commencer par grouper séparément ceux dont on dispose. C'est cette dernière méthode qui jettera des lumières sur l'histoire des migrations bohémiennes.

1. Elles indiquent un séjour circonscrit dans le pays basque; elles paraissent y indiquer aussi un séjour prolongé, et il serait curieux de savoir quel espace de temps a suffi pour produire ces altérations.

2. Il est vrai que M. Fr. Michel n'a pas recueilli lui-même ses matériaux, mais qu'il les a obtenus par l'entremise de plusieurs Basques obligeants. — Sans parler des formes basques qui abondent, M. Fr. Michel a pu écrire : « *Pani barro*, la mer est belle. » M. Baudrimont (p. 31) soupçonne ici une erreur; elle est grossière : *baro pani* signifie simplement la *grande eau*, la *mer*.

3. Au moment du séjour de M. Baudrimont dans le pays basque en 1858, ils étaient traqués de toutes parts, et depuis, ils ont été presque complètement dispersés, exception faite pour ceux de Saint-Jean-de-Luz, qui ont pris depuis longtemps des habitudes sédentaires.

ment reproduite. Mais il ne sera pas inutile de rappeler d'abord les conclusions générales qu'avait formulées M. Pott. Après avoir affirmé l'unité fondamentale des idiomes parlés par les Bohémiens répandus en tant de contrées diverses, et constaté également que la langue bohémienne, quoique assez souvent mêlée avec l'argot, en est essentiellement différente, M. Pott ajoutait (*Die Zigeuner*, t. I, p. XV) : « Cette langue ne sort point de l'égyptien; elle n'a certainement » pas sa racine ailleurs que dans les idiomes populaires du nord de l'Inde » occidentale; en sorte qu'elle peut, malgré son extrême abâtardissement et » son abjection, se vanter, quoique timidement, d'être en rapport de parenté » avec le sanscrit, la langue la plus achevée quant à la structure. » — Et plus loin (p. 3), après avoir parlé des comparaisons avec diverses langues de l'Inde, faites par un certain nombre d'auteurs, qui tous concluent, avec raison, à l'origine indienne du peuple bohémien, M. Pott reprend : « Du reste, il s'en » faut de beaucoup qu'on ait encore trouvé celui des idiomes populaires de » l'Inde qui est *spécialement* limitrophe de l'idiome bohémien [1], et certainement » il ne faut pas prendre pour tel l'ourdou ou hindoustani, comme l'a déjà » remarqué avec justesse le *Berliner Monatschrift* [2]. — Voici maintenant la conclusion provisoire de M. Ascoli (p. VIII) : « Ainsi, la meilleure définition des » Bohémiens ne serait-elle pas : des Sindhiens qui ont fait un long séjour sous » les Afghans ? Je ne formule que timidement cette question, car je mets ici le » pied sur un terrain où la liberté des mouvements me manque encore, et » j'espère pouvoir arriver plus tard à une détermination plus certaine. »

Je ne veux pas me mettre à rechercher ici toutes les autres données linguistiques ou historiques (celles-ci ont été trop négligées jusqu'ici, et ma principale tâche sera de les mettre en lumière), qui peuvent entrer en ligne de compte dans la recherche de l'origine des Bohémiens; ce serait tout un nouveau travail à faire. Mais, puisque la brochure de M. Baudrimont se rattache par un lien indirect à la présente étude, j'en citerai un passage qui paraît avoir son intérêt .

« Plusieurs indices, » dit M. Baudrimont (p. 21), « m'ont porté à penser que » les Bohémiens pourraient bien avoir longtemps habité la Mésopotamie, et » même plus précisément les environs de Babylone, et qu'ils seraient devenus » vagabonds par suite de la destruction et de l'abandon de cette ville. Il eût » été possible de vérifier cette opinion en comparant la langue bohémienne » actuelle avec la langue chaldéenne, dont nous possédons de nombreux monu- » ments [3]; mais le temps m'a manqué pour faire ce travail, et je le réserve

---

1. M. Pott et, après lui, M. Ascoli, emploient l'expression *romsche idiom* ou *romsche sprache* pour *langue bohémienne* : les Bohémiens appellent leur langue *romani czib* ou *tschib*.

2. Dans l'article de Biester indiqué plus haut.

3. M. Baudrimont veut-il faire allusion à la langue que les Juifs avaient rapportée de la captivité de Babylone, et que parlait Jésus-Christ, langue qui ne serait qu'un dialecte araméen légèrement arabisé (nous en avons des fragments dans le livre d'Esdras et ailleurs)? ou veut-il parler du babylonien proprement dit et de son frère jumeau l'assyrien, ces deux dialectes du grand idiome que viennent de révéler à la science les inscriptions cunéiformes? Cette dernière source est certainement la plus originale, la plus riche et la

» pour une autre époque, à moins qu'il ne convienne à quelque philologue de
» s'en occuper, et de m'en épargner le soin. »

Je me permettrai d'ajouter que, moi aussi, je suis arrivé dans le travail que
je prépare, à l'opinion et même à la conviction que les Bohémiens ont en effet
habité la Mésopotamie et certaines contrées voisines, mais que je n'ai fait
jusqu'ici aucun rapprochement particulier entre leur dispersion et la ruine de
Babylone, que, dans tous les cas, la comparaison du chaldéen et de la langue
bohémienne, comparaison qui n'est guère de ma compétence, n'entre pour rien
dans mes déductions ; qu'en conséquence, je souhaiterais plus que personne voir
M. Baudrimont, s'il est suffisamment armé pour cette étude, aborder les comparaisons qu'il annonce, et nous donner à son tour ses conclusions sur un sujet si
intéressant. — Si au contraire il y renonce, il nous doit du moins la communication des « indices » qui peuvent mettre d'autres chercheurs sur la voie. —
Il faut que M. Baudrimont nous dise avant tout de quelle destruction de
Babylone il entend parler. La grande chute de l'immense cité eut lieu d'abord
en 538, puis vers 127 avant Jésus-Christ, ce qui laisse déjà de la marge.
Cependant Babylone paraît avoir conservé « un reste de vie longtemps encore
» après l'avénement du Khalifat. Ce fut seulement dans le xi° siècle qu'*aban-
» donnée par une colonie juive qui en formait depuis longtemps la population principale,
» elle perdit jusqu'à son nom, que remplaça le nom de Hilliah ¹. » Est-ce vers
ce dernier incident que se reporte la pensée de M. Baudrimont?

C'est ici le lieu de noter que M. de Saulcy, dans une étude générale sur les
inscriptions cunéiformes du système médique (*Journal asiatique*, 4° série, t. xiv,
1849 ²), se trouvant (p. 125-126) devant un thème dont le sens était certain
(« *Racha* ou *Lacha* signifiant *grand*, et fournissant le pluriel *Racharara* ou *Lacharara*
pour signifier *très-grand*»), mais dont l'origine était inconnue, n'a pu l'expliquer
que par un mot bohémien que lui a fourni l'érudition de son ami M. Prosper
Mérimée (« *lacha*, féminin *lachi*, pluriel *laché*, bon, excellent; superlatif *lacho-
lacho* ³ »). Après avoir invoqué l'origine indienne des Tsiganes et l'étroite liaison
de leur idiome avec le sanscrit, M. de Saulcy ajoute : « On me permettra donc
» de prendre mon bien où je le trouve et de croire fermement que le mot

---

plus sûre ; mais, malgré de beaux travaux faits pour intéresser même le grand public, elle
n'est pas précisément accessible à tout le monde.

1. Vivien de Saint-Martin analysant le *Voyage en Mésopotamie* de M. Oppert, dans
l'*Année géogr.*, 1ʳᵉ année, p. 224. Sur les destructions successives de Babylone, voy. aussi
Ménant, *Les Écritures cunéif.*, *Exposé*, etc., 2° éd. 1864, p. 184-185.

2. Ce premier mémoire a été suivi d'un second : *Jour. asiat.*, t. XV, 1850 ; et tous
les deux ont été réunis dans un tirage à part qui forme un vol. in-8° de 252 p. :
Recherches analytiques sur les inscriptions cunéiformes du système médique. Paris, Imp. nat.,
1850. Dans ce volume, le premier passage indiqué se trouve p. 33-34 ; voyez aussi
30-32.

3. *Lacho* ou *latcho* serait plus exact au nom. sing. mas. pour le positif comme pour
le superlatif ; cependant le mot *lacha* se retrouve chez Borrow dans une acception
substantive particulière sur laquelle je reviendrai, et il est peut-être un reste d'une forme
primitive anormale. Quant à *lacho-lacho*, je ne retrouve pas cette forme de superlatif,
mais je la crois très-acceptable, et j'ai quelque idée d'avoir entendu les Bohémiens
l'employer.

» primitif, devenu le médique *racha* ou *lacha*, a disparu de toutes les langues
» congénères modernes, et n'a survécu que dans la langue des Tsiganes. Or le
» sanscrit nous fournit le mot *lakcha* qui signifie « très nombreux » (d'où le mot
» moderne *lak*), et qui, en passant dans un idiome adouci comme le zend, a pu
» parfaitement devenir *lacha*. Telle est, j'en suis convaincu, l'origine de notre
» mot médique. »

Voilà un fait qui semblerait indiquer que les langues populaires modernes de
l'Inde ne sont peut-être pas les seules qui nous promettent des révélations intéressantes. Malheureusement, M. de Saulcy, ou quelque autre linguiste de même
spécialité, ne s'est jamais avisé, que je sache [1], de prendre un vocabulaire
bohémien et de chercher si cette langue présente des affinités plus concluantes
avec le médique, — ou plutôt avec la langue qu'on avait d'abord appelée médique,
et qu'on s'accorde maintenant à appeler *médo-scythique* [2], en laissant à ce mot
tout le vague qu'il comporte ; car il est généralement reconnu aujourd'hui [3] que
cette langue n'était point celle des Mèdes aryens, qui devait être assez voisine
du perse pour que les inscriptions perses fussent intelligibles à ceux-ci et s'adres-
sassent à eux comme aux Perses eux-mêmes, mais que c'était la langue des
populations étrangères et nomades, la plupart touraniennes ou touranisées, qui
avaient de tout temps afflué en Médie, qui y avaient subi la domination des
Mèdes aryens ou complètement arianisés, qui, dans ces conditions, s'étaient
formé un idiome composé des éléments les plus hétérogènes, et qui, finalement,
avaient pris assez d'importance pour compter comme seconde nation dans les
inscriptions trilingues des Achéménides.

A ce propos, j'aurais voulu pouvoir entrer, tant sur les anciennes langues
écrites en caractères cunéiformes, que sur les populations noires ou brunes au

---

1. Je me trompe peut-être à cet égard, car M. de Saulcy, à la fin du 1ᵉʳ mémoire,
où il avait fait ses remarques sur le thème *racha* ou *lacha*, résumant ses conclusions en
huit articles, formule ainsi le 2ᵉ, auquel j'ajouterai le 3ᵉ pour compléter la pensée
générale de l'auteur : « 2ᵉ que de l'idiome médique il est resté des traces évidentes dans
» le zend, dans le persan moderne, dans le turc, dans le kurde, dans le mongol, dans
» l'arménien, dans le géorgien et *dans la langue des Tsiganes* ; 3° que le turc, plus que
» les autres langues congénères, présente des débris fort reconnaissables de l'ancienne
» langue des Mèdes. » (Ce passage est reproduit presque textuellement dans le volume
de M. Ménant, *Les Écritures cunéiformes*, 2ᵉ édit., 1864, p. 132, d'où il a passé dans le
Rapport officiel (de M. de Saulcy) sur le *déchiffrement des écritures cunéiformes*, p. 73 du
volume intitulé : *Progrès des études relatives à l'Égypte et à l'Orient*, Paris, 1867, faisant
partie du *Recueil de Rapports* publiés à l'occasion de l'Exposition universelle). En ce qui
regarde la langue bohémienne, cette conclusion, fondée sur un seul mot, et sur un mot
dont, par parenthèse, M. Pott, *Die Zigeuner*, t. II, p. 331, donne comme possible une
étymologie sanscrite avec référence à l'hindostani, paraît un peu hardie. Cependant je
n'ai trouvé nulle part dans les deux mémoires de M. de Saulcy d'autre rapprochement
avec le bohémien que celui indiqué plus haut.

2. M. Oppert, auquel surtout on doit cette vue nouvelle, appelle même le plus souvent
cette langue *scythique* tout court, ce qui semble trop absolu et bien contestable.

3. M. de Saulcy lui-même admet actuellement ce point de vue nouveau, dont il se
plaît à faire honneur à qui de droit, et c'est pourquoi il me paraît tomber dans une
contradiction manifeste, lorsqu'il continue à appliquer à la langue des inscriptions médo-
scythiques ce que Strabon disait évidemment de la langue des vrais Mèdes. Voyez le
volume déjà indiqué : *Progrès des Études relatives à l'Égypte et à l'Orient*, p. 75 et 73.

type caucasique qui occupaient l'Inde avant l'arrivée des Aryas, et qui, dans les régions persiques, ont dû se mêler aussi aux Touraniens d'une part, aux Aryens de l'autre, dans des explications qui peuvent intéresser de plus près qu'on ne pense la question des origines bohémiennes. Mais ces explications, j'ai vainement tenté de les rendre assez courtes pour les faire entrer convenablement dans ce compte-rendu, et je suis contraint de me borner à en indiquer le triple objet : 1° Appeler l'attention des anthropologistes sur ces peuples au teint foncé et au type caucasique qui, malgré leurs langues touraniennes, ne peuvent être des Touraniens, pas plus que des Aryens ou des Nègres, et dans lesquels il faut voir conséquemment, ou une race à part, ou plutôt peut-être un rameau sémitique, détaché du tronc dès l'antiquité la plus reculée. 2° Appeler en conséquence l'attention des linguistes eux-mêmes sur les traces qu'a dû laisser, sous les couches touraniennes et aryennes, un fonds linguistique qui ne peut être ni aryen ni touranien. 3° Inviter les savants qui se sont consacrés à l'étude spéciale des inscriptions cunéiformes, à ne pas perdre de vue la langue bohémienne parmi celles qui peuvent se trouver en connexité plus ou moins proche, plus ou moins éloignée, avec les trois langues qu'ils ont déjà pénétrées, le perse [1], le médo-scythique et l'assyro-babylonien, et même à compter le bohémien parmi celles qui peut-être les aideraient à retrouver l'une ou l'autre des trois langues qui leur restent encore inconnues : à savoir, la langue des inscriptions de Suse (Khouzistan actuel), celle des inscriptions de Vân (Arménie), et celle de certaines tablettes de Ninive, que M. Oppert a baptisée provisoirement du nom de langue casdo-scythique, parce qu'il suppose qu'elle est le produit, sans doute hybride, de populations chaldéennes, ou plus exactement *casdéennes* (mélangées apparemment d'éléments scythiques), qui s'étaient établies en Assyrie.

Dans les comparaisons que je sollicite, il y aurait sans doute un intérêt particulier à avoir sous les yeux, non-seulement les meilleurs recueils généraux de langue bohémienne (à commencer par celui de M. Pott, et sans oublier surtout ceux de MM. Paspati et Ascoli, qui nous reportent déjà plus près de l'Asie occidentale), mais aussi tout ce qu'on pourrait rassembler de matériaux sur la langue des Bohémiens, en Perse [2] et dans les régions qui s'en rapprochent,

---

1. Avec le perse, les rapports sont certains *à priori*, à cause des grandes affinités de cette ancienne langue avec le zend et le sanscrit, qui ont déjà été mis largement à contribution pour la philologie bohémienne. Ce n'est pourtant pas une raison pour croire de nouvelles confrontations superflues ; en effet, le perse lui-même offre nécessairement des particularités qui peuvent fournir des rapprochements nouveaux, desquels pourrait résulter la preuve de l'antique présence des ancêtres des Bohémiens dans ces contrées.

2. Cette remarque me vient en parcourant un article déjà ancien de M. de Gobineau, que j'ai voulu revoir avant de livrer le présent travail à l'impression : *Persische Studien* (lettre de M. de Gobineau, exclusivement consacrée aux Bohémiens de Perse et communiquée en allemand par M. Pott) dans *Zeitschrift der Deutschen morgenländischen Gesellschaft*, 11ᵉ vol., 4ᵉ livr., Leipzig, 1857, p. 689-696. — Dans cet article, qui contient une liste de 35 mots bohémiens, y compris les dix premiers noms de nombre, l'auteur conclut, conformément à la tradition des Bohémiens de ce pays, qu'ils sont originaires, non de l'Inde, mais du Kaboul (p. 691-692). J'y remarque ce passage (p. 692) : « Ils » sont pour moi les descendants de ces antiques populations de la Bactriane et de l'Arie,

notamment en Syrie. Car, quoique, d'une part, l'identité fondamentale entre ces dialectes bohémiens et la langue des Bohémiens d'Europe ne puisse faire aucun doute, et quoique, d'autre part, celle-ci, prise à bonnes sources, paraisse plus pure et mieux conservée que la langue de leurs frères d'Asie, les différences considérables que présentent, par rapport à la langue bohémienne d'Europe, ces dialectes parlés dans les contrées mêmes où les inscriptions cunéiformes sont répandues, peuvent fournir des éléments locaux et spécifiques d'une valeur toute spéciale. Malheureusement, les matériaux linguistiques bohémiens recueillis jusqu'ici dans ces régions, et dont je ne puis donner l'analyse dans cet article déjà beaucoup trop long, sont assez pauvres. Je tenais d'autant plus à montrer l'utilité qu'il peut y avoir, même pour l'étude des inscriptions cunéiformes, à accroître de ce côté nos acquisitions bohémiennes.

Le sujet que je viens d'aborder est assez neuf pour qu'on me pardonne, je pense, de m'y être un peu arrêté, — le moins que j'ai pu, du reste. Les perspectives qu'il semble ouvrir fussent-elles chimériques, je n'en aurais pas moins rempli une tâche utile en appelant les hommes compétents à nous dire ce qu'elles valent.

Il s'en faut, du reste, que le champ des explorations à faire encore doive se borner aux anciennes langues dont je viens de parler. Il sera sans doute nécessaire que des linguistes de spécialités diverses apportent encore leur contingent, pour qu'on arrive à des résultats définitifs sur la nature et la proportion des éléments qui sont entrés originairement dans la langue bohémienne ou qui s'y sont mêlés à des époques très-diverses. Les Bohémiens étant, paraît-il, primitivement [1] sortis de l'Inde ou de contrées voisines, et se trouvant répandus dans toute l'Europe orientale, et, sinon dans toute l'Asie occidentale et septentrionale, du moins en Sibérie, comme en Perse, en Syrie, etc., depuis des époques indéterminées [2], ce sont en réalité la plupart des langues de l'Asie, l'extrême Orient

---

» conquises successivement par les Perses, les Grecs, les Indogètes, les Afghans, victimes » du monde entier. » Voy. aussi, p. 690, à propos du nom de *Berber*, sous lequel les Bohémiens se trouvent quelquefois compris en Perse.

1. Ce *primitivement* n'a, bien entendu, rien d'absolu. Supposons que ce soient des Sindiens, comme le croit M. Ascoli, et comme je suis très-porté à l'admettre, au moins pour une fraction considérable de la race tsigane, — d'autres, quoique appartenant également à la grande famille mélano-caucasique, ayant pu sortir d'ailleurs, peut-être à d'autres époques et dans des circonstances différentes. — Les Sindiens ne sont Aryas qu'à la surface. D'où sortaient les Sindiens primitifs arianisés à l'époque védique ou depuis? Si, par exemple, on en venait à les rattacher à la race sémitique, il en résulterait qu'avant de revenir vers l'Occident, les ancêtres des Bohémiens avaient émigré de l'ouest à l'est.

2. J'ai établi en effet, dans mes deux Mémoires sur *l'apparition des Bohémiens en Europe* (*Bibliothèque de l'École des Chartes*, 1844 et 1849), surtout dans le second (voir le résumé, p. 43-45; tirage à part, p 34-36), que, malgré les affirmations contraires, on n'avait aucunes notions positives sur l'apparition des Bohémiens dans l'Europe orientale, et que, contrairement à l'opinion commune, ils étaient certainement établis dans ces régions longtemps avant de se répandre en Occident. Depuis ce temps-là, je suis arrivé à des convictions beaucoup plus hardies, et ce que j'appelais alors « l'hypothèse de Haase » est devenu depuis longtemps pour moi une vérité certaine, dont j'ose dire que je tiens la démonstration. Le principal intérêt du travail que je prépare sera de la donner.

excepté, qu'il faut explorer pour démêler sûrement toutes les origines de leur langue et reconnaître les grandes stations qu'ils ont pu faire. Et, quoique les conclusions générales de M. Pott, en ce qui regarde le fonds dominant de cette langue, ne paraissent pas de nature à être contestées, je serais surpris que l'égyptien et quelques autres langues du nord de l'Afrique n'eussent pas aussi quelque chose à nous apprendre sur les anciennes pérégrinations de cette race; car ses traditions égyptiennes paraissent remonter déjà très-haut, et il est impossible de n'en pas tenir compte. — Ce qui semble clair pourtant, c'est que les principales confrontations doivent porter sur les langues du sud-ouest de l'Asie, anciennes et modernes; car, bien que personne ne puisse dire encore avec certitude si les Bohémiens se sont répandus en Russie et même dans les régions du Nord, telles que la Finlande et la Suède, en venant directement d'Asie ou en passant par le sud-est de l'Europe, on sait du moins (et c'est ce que j'espère rendre encore plus clair) que la masse des émigrants, lorsqu'elle s'est répandue en Occident, arrivait des régions du bas Danube et de l'Asie-Mineure, et il est assez vraisemblable que ceux-là mêmes qui habitent aujourd'hui la Sibérie ont fait, pour s'y rendre, un circuit par l'Europe. Pourtant, je le répète, rien n'est encore certain à cet égard. — Quoi qu'il en soit, le sud-ouest de l'Asie et les régions de l'Europe qui l'avoisinent, notamment du côté du Caucase, présentent déjà un champ assez vaste, en partie obscur, puisque les nombreux dialectes du Caucase sont encore mal connus; et il y aurait sans doute encore de ce côté bien des confrontations à faire, au double point de vue de la parenté originelle du bohémien avec tel ou tel de ces idiomes, et des emprunts que cette langue a pu leur faire, et qui marqueraient certaines étapes de l'émigration.

En attendant ce complément d'explorations dans le champ de la linguistique, il est un genre d'observations plus faciles, que ne doivent pas négliger ceux qui étudieront les Bohémiens, notamment en Sibérie et dans les parties orientales ou centrales de la Russie : il s'agirait de recueillir avec précision, ici comme partout, toutes leurs traditions, tous leurs noms ethniques (noms bohémiens et noms populaires généraux et locaux), et, de plus, de noter avec un soin particulier, tout ce qui, dans ces éléments ou dans la langue elle-même, indiquerait une provenance de l'Asie ou de l'Europe [1]. La plupart de ceux qui recueillent des matériaux linguistiques bohémiens ne voient que la langue elle-même, et ils ne songent pas toujours non plus que, dans cette langue, certaines altérations

---

1. De la langue des Bohémiens de Sibérie on n'a pas le moindre échantillon, et cette langue peut contenir des révélations au point de vue de leurs pérégrinations anciennes, récentes ou actuelles à travers l'Asie. — Rien non plus sur les traditions des Bohémiens de toute la Russie. — Point de nom ethnique dans Sujew. Quant a Boehtlingk, il n'en donne d'autre que celui de *Romá* ou *Tchavé Romané* (*tchavé*, les *garçons* et plus généralement les *enfants; romané, bohémiens* sous la forme adjective) : les noms de *rom* (p. 35) et de *manush* (p. 129) n'ont dans Boehtlingk que le sens d'*homme*, que le premier conserve d'ailleurs toujours aussi parmi les Bohémiens, et que le second conserve exclusivement chez les Bohémiens de certains pays. Dans Narbutt (comme dans Paspati), *Manusz* (p. 154) n'a aussi que ce dernier sens, et le nom de *Rom, Romni* (p. 153) reprend la signification de *Bohémien, Bohémienne.*

et certains mélanges ont plus d'intérêt historique que les plus purs éléments. Démêler ces derniers éléments, c'est assurément la première condition d'un bon vocabulaire et d'une bonne grammaire ; mais, à côté de cela, recueillir et signaler les emprunts étrangers est de grande importance historique. S'il s'agit d'emprunts faits à la langue du pays où l'on observe les Bohémiens, on pourra se contenter, dans certains cas, de dire s'ils sont nombreux, s'ils paraissent anciens, si les Bohémiens transforment ces éléments d'emprunt et les adaptent à leur grammaire, en donnant à l'appui de ces observations quelques exemples bien choisis. Mais, quand il s'agira d'emprunts faits à des langues étrangères, il faudra entrer dans plus d'explications et de détails, et il sera le plus souvent opportun, ou de les admettre avec un signe distinctif, ou d'en dresser des listes séparées. Surtout lorsqu'un linguiste comme M. Bœhtlingk nous donnera un vocabulaire, il sera bien désirable qu'il mette sur chaque mot sa marque d'origine : y a-t-il là des éléments empruntés à telle ou telle langue du groupe occidental de la famille touranienne ? voilà une question intéressante, et personne n'était mieux placé, ce semble, que M. Bœhtlingk pour y répondre. Dans cet ordre d'idées, le vocabulaire de Narbutt, sans prétendre à aucune précision scientifique, puisque l'auteur s'est contenté de mettre en regard de chaque mot : *indien*, ou *polonais*, ou *slave*, ou *lithuanien*, ou *slovaque*, ou *allemand*, etc., était déjà instructif ; et je n'ai pas besoin d'ajouter que ce n'est pas la qualification *indien* qui conserve le plus d'intérêt. — Ceci soit dit, du reste, sans aucune application aux personnes qui auraient la bonne pensée de recueillir des listes de mots, et qui ne sont pas en mesure d'étiqueter ces éléments : qu'elles inscrivent du mieux qu'elles pourront, comme je ferais moi-même à leur place, tout ce que les Bohémiens leur fourniront ; et ces matériaux, d'où qu'ils viennent, mais surtout s'ils viennent de la Sibérie ou du Caucase, seront toujours les bienvenus : les linguistes se démêleront ensuite.

Encore une remarque, avant de terminer ces observations générales. Je n'ai parlé que de rapprochements linguistiques à ajouter à ceux qu'on a déjà faits, parce que c'est sur ce point qu'ont porté surtout jusqu'ici des comparaisons qui ont en effet une grande importance, et qui présentent en même temps une certaine simplicité, au moins théorique. On possède maintenant très-passablement la langue bohémienne : une autre langue étant donnée, il est très-facile à celui qui la connaît de prendre un vocabulaire et une grammaire bohémienne, et de nous dire si ces deux langues sont entre elles dans un rapport quelconque. Mais si, d'autre part, on ne fait pas intervenir, dans bien des cas, les rapprochements historiques et les comparaisons ethnographiques qui sont toujours de nature extrêmement complexe (type physique, traditions, mœurs, etc.), on se trouve n'avoir envisagé qu'un côté de la question. Outre que, en thèse générale, ces données diverses doivent se corroborer, et que leur concordance est nécessaire pour engendrer une réalité historique, il y a des éventualités ethnographiques qu'il faut prévoir : tel rameau de l'antique race tsigane pourrait avoir perdu sa langue et demeurer reconnaissable à d'autres signes ; il pourrait même avoir été transformé par son mélange avec d'autres races, avoir perdu, avec sa langue,

son nom, ses habitudes nomades et une partie de ses caractères anthropologiques, et pourtant se révéler encore à la lumière de certaines données historiques, fortifiées par des traits de caractère qui ne s'effacent presque jamais [1] ;
il pourrait aussi, — mais cette hypothèse, qui paraît justifiée par quelques
exemples, n'aurait sans doute qu'un champ très borné, — avoir transmis son
esprit, avec ou sans sa langue, à quelques tribus où prédominerait un sang
étranger.

J'en ai fini, tant avec les généralités qu'avec l'ensemble de la brochure de
M. Ascoli, et j'aborde maintenant la partie de cette brochure qui concerne les
Bohémiens d'Italie. Quoique ce premier « post-scriptum, » comme l'appelle
son auteur, n'ait qu'une trentaine de pages, il mérite attention, car malgré le
volume de PREDARI (*Origine e vicende dei Zingari*. Milano, 1841, in-8° de XII
et 274 p. [2]), il contient la première contribution originale à l'histoire ou à la
langue des Bohémiens, que l'Italie nous fournisse.

Ce post-scriptum se compose de deux morceaux tout différents. Le premier,
qui a cinq pages, porte sur une comédie italienne du milieu du XVIe siècle,
intitulée *La Cingana*, par Giancarli, dans laquelle l'auteur fait parler à sa
Bohémienne un jargon étranger, où l'on avait généralement cru voir jusqu'à
ces derniers temps des échantillons, d'autant plus précieux qu'ils étaient plus
anciens, de la langue bohémienne. M. Ascoli démontre, par une analyse philologique, que ce prétendu bohémien n'est que de l'arabe corrompu. Il ignorait
évidemment que, deux ans auparavant, M. de Saulcy, dans l'*Athenœum* français
du 2 avril 1863 (p. 323-324), avait publié un article également intéressant sur
la même comédie, et développé les mêmes conclusions. Cette pièce singulière
et les observations des deux savants orientalistes soulèvent des questions de
détail sur lesquelles j'aimerais à m'arrêter, mais dont l'examen ne serait pas à sa
place ici [3].

Le second morceau, plus important (p. 127-154), est consacré tout spécialement à la langue des Bohémiens de l'Italie méridionale. Les éléments linguistiques
originaux que nous donne M. Ascoli ont été recueillis par lui dans la province

---

1. Voir à ce propos la question que je pose plus loin au sujet des Sicanes de
Sicile.

2. Sur cet ouvrage que M. Ascoli ne nomme même pas, M. Pott (*Die Zigenner*, t. I,
p. 25) porte un jugement sommaire que je trouve un peu trop rigoureux. Il est vrai que,
pour la formation de son vocabulaire bohémien-italien, composé d'éléments de toute
provenance, même indienne, et triés de la façon la plus arbitraire, Predari a adopté une
méthode très-malheureuse. Mais je ne puis entrer ici dans l'analyse de ce livre. Le principal reproche que je lui ferai, c'est d'être l'œuvre d'un Italien et de ne rien nous
apprendre sur les Bohémiens d'Italie.

3. J'avais espéré du reste pouvoir y revenir à propos de la publication, qui était
annoncée par M. Ascoli (note 2 de la p. 123), d'une nouvelle édition de cette rarissime
comédie, dans la *Bibliotheca rara* de Daelli. Malheureusement, il paraît que cette édition,
préparée par le professeur Faustus Lasinio, n'a point vu le jour. La *Bibliotheca rara*, qui
avait commencé à paraître en 1862, et qui, en 1865, comptait déjà plus de cinquante
volumes (in-18), a été interrompue à cette époque (dans l'année même où a paru le
travail de M. Ascoli) par la ruine de la maison Daelli qui éditait cette collection à
Milan.

de Molise, en 1864, notamment à Acquaviva Colle Croce, auprès d'une Bohémienne assez vieille (Maria del Duca), fixée dans cet endroit, et à S. Biase, où
se trouvaient réunis, à l'occasion de la foire (21 et 22 octobre 1864), une
quarantaine de Bohémiens dont plusieurs, de différents âges et des deux sexes,
se prêtèrent volontiers à ses enquêtes. Parmi eux se trouvait un Bohémien de
Melfi, en Basilicate (Antonio Patanelli del fu Domenico). Par lui et par d'autres,
M. Ascoli apprit qu'il y avait quelques familles de Bohémiens établies dans la
Terre d'Otrante, dans la Basilicate, dans la Terre de Bari, dans la Principauté
ultérieure, dans le comté de Molise (où une quinzaine de familles habitent ou
ont habité dans des grottes situées près de Macchia, — confins de la Basilicate
près de Volturara), et enfin dans les deux Abruzzes ultérieures. La plupart
seraient natifs de la Molise[1], *Zingani campobassani*. On a dit aussi à M. Ascoli
qu'on les rencontrait en assez grand nombre dans les Calabres. J'ajouterai, en
passant, que d'après le Bohémien de Melfi, il y a à Rome des Bohémiens
« riches et qui vont en voiture. » Ces indications (p. 128-129) que je réunis
dans l'ordre géographique, en partant d'abord du talon de la botte italienne,
s'étendent, comme on le voit, sur la plus grande partie de l'ancien royaume
de Naples. M. Ascoli les donne en précisant les endroits habités par telle ou
telle famille, et elles sont précieuses, car, pour mon compte, je n'avais encore
trouvé aucuns renseignements précis sur les Bohémiens du royaume de Naples,
non plus, du reste, que sur ceux du reste de l'Italie, le peu que je sais de ces
derniers me venant de quelques Bohémiens du Piémont ou de la Savoie que
j'ai rencontrés en France. Les seules données statistiques que fournisse
M. Predari se réduisent à ces trois lignes : « L'Italie est une des parties de
« l'Europe les moins infestées de Bohémiens ; cependant il s'en rencontre quel-
« quefois en bon nombre dans les deux Siciles et surtout dans la Romagne. »
Il faut rapprocher de ce passage celui de Borrow (*The Zincali of Spain*, t. II,
p. 140), où l'auteur signale des bandes de Bohémiens exotiques qui viennent,
dit-il, de Moldavie et de Hongrie faire des excursions triennales en Italie et en
France, en les distinguant des « *Bohémiens d'Italie*, qui vivent d'une manière
« très-sauvage, et qui habitent les ruines des vieux châteaux féodaux très-
« répandus dans ce pays. » De ces Bohémiens exotiques, qui seraient très-
intéressants à connaître, M. Ascoli, qui cependant relève le passage de Borrow,
ne paraît rien savoir personnellement. Quant aux Bohémiens acclimatés dans le
royaume de Naples, les informations qu'il a recueillies sur eux, quoique nécessairement très-incomplètes, paraissent établir qu'ils y sont peu nombreux et
très-disséminés ; car s'il y existait quelques centres importants, ils n'auraient
sans doute pas échappé à son enquête. Tous ou presque tous ont des noms de
famille et des prénoms italiens (parmi les noms de femmes je remarque celui de
Smeralda). M. Ascoli a constaté aussi que les Bohémiens de cette région tendent

---

1. Dans cette province les Bohémiens auraient même fondé, vers la fin du XV⁺ siècle,
une petite ville, Jelsi ou Ielsi, qui dans quelques documents est appelée *Castrum Giptiæ*
(voy. note 1 de la p. 154).

à s'allier à des familles non bohémiennes du pays et à s'italianiser. Ceux qui se mêlent ainsi à la population locale perdent ordinairement leur langue au bout d'un certain temps. Mais ceux qui continuent à la parler la conservent assez pure, et il n'y a rien là qui ressemble au langage corrompu des Bohémiens d'Espagne et du pays basque ou de ceux du Jutland. Sur ce point, M. Ascoli (p. 127-128) rectifie une assertion de M. Borrow (t. II, p. 140), qui, autant que j'en puis juger d'après les quelques Bohémiens piémontais que j'ai rencontrés, ne s'applique pas mieux aux Bohémiens du nord de l'Italie qu'à ceux du sud. On peut donc tenir pour certain que, parmi les uns et les autres, on trouve encore des représentants bien conservés d'une tribu trop négligée jusqu'ici.

Je me borne, pour ce qui regarde la langue des Bohémiens en Italie, à cette remarque générale, ne voulant point, ici plus qu'ailleurs, m'aventurer en des détails qui réclameraient la compétence d'un linguiste. Mais je me permettrai d'exprimer le regret que M. Ascoli soit encore plus avare que M. Paspati de renseignements sur les industries spéciales, le genre de vie et les coutumes des Bohémiens à qui il a eu affaire.

Dans la partie italienne de ses observations, les seules qui portent sur des éléments recueillis par lui, M. Ascoli ne donne, pour noms ethniques des Bohémiens, que *Rom* et *Kalò* (p. 153) : aucune mention des autres noms que j'ai indiqués plus haut. Je serais surpris cependant que le nom de *Sinti*, qui est le plus usité de tous chez les Bohémiens du Piémont, fît défaut chez ceux de l'Italie méridionale, et, parmi les noms ethniques qu'il importe de recueillir partout, celui-ci, je le répète, est un des plus intéressants à constater.

M. Ascoli n'a pu d'ailleurs recueillir aucune tradition, ce qui ne prouve pas qu'il n'y en ait aucun reste chez ces Bohémiens ; car son séjour parmi eux paraît avoir été bien rapide. Ils ont toujours été là « dall antigo tempo. » *C'est ici notre royaume* (Chestu lu regnu nostru), disait fièrement une Bohémienne. Une autre, cependant, « Maria del Duca aimait à se nommer, d'après la tradition fabuleuse (sic), Zingara dell' Egitto » (p. 129).

Je me suis arrêté à ces détails parce que les informations sur les Bohémiens de l'Italie sont rares, et parce que tout ce qui les concerne, surtout dans le sud de ce pays, me paraît avoir un intérêt particulier. — Sur ceux de la Sicile, on ne sait rien, et c'est là une lacune particulièrement regrettable. Au risque de commettre une hérésie, contre laquelle les objections ne manqueront pas, j'avouerai que je ne puis me défendre de soupçonner une antique parenté entre les Bohémiens et les mystérieux Sicanes qui peuplèrent la Sicile avant les Sicules [1]. Vraie ou fausse, cette hypothèse, qui se rattache à des considérations que je ne puis exposer ici, a trop d'importance pour que je n'appelle pas sur elle l'attention de tous ceux qui étudieraient enfin les Bohémiens de Sicile, leur

---

1. La principale objection évidemment, c'est que les Sicanes passent pour des Ibères venus d'Espagne. Quant à l'antiquité de la colonisation sicane, je puis affirmer qu'elle ne fait pas ici le moindre obstacle à l'hypothèse que j'émets, et qu'elle ne doit pas arrêter un instant ceux qui voudraient bien l'examiner.

histoire, leurs traditions, leurs mœurs et les ressemblances qui peuvent exister entre eux et certains éléments de la population sicilienne.

Je n'ai pas voulu surcharger cette revue générale. J'aurais pu y ajouter une foule de noms qu'on trouvera dans Grellmann ou dans le grand livre de M. Pott, et d'autres qui n'y sont pas. J'aurais pu renvoyer aussi à plusieurs passages des articles supplémentaires de M. Pott (celui de 1849, dans la *Zeitschrift der deutschen morgenl. Gesellschaft*, 3ᵉ vol., contient notamment, p. 326-335, une communication intéressante de son ancien élève le chapelain Reuss, sur la langue des Bohémiens de Hongrie). Mais une fois dans cette voie, où s'arrêter ? Ce ne sont pas des indications de matériaux épars que je pouvais songer à réunir ici ; ce n'est pas une bibliographie, même sommaire, que j'ai voulu donner ; et je n'avais pas non plus à m'occuper des rapprochements historiques qu'ont pu faire sur les Bohémiens en général, même en se tournant particulièrement vers les Bohémiens de l'Europe orientale, les Pallas, les Rudiger, les J.-G. Hasse, les Vivien de Saint-Martin. Plus que personne j'apprécie leurs vues, et je compte en tirer grand profit ; mais ces travaux ne rentraient pas dans mon cadre. J'ai même omis certains petits recueils[1] qui doivent avoir leur prix. Ce que j'ai cherché, sur les Bohémiens de l'Europe orientale, ce sont des études positives, soit historiques, soit linguistiques, soit ethnographiques, et je ne me suis arrêté qu'à ce qui se recommandait, soit par l'importance absolue ou relative, soit par le volume, ou encore à ce qui forçait l'attention, comme c'est le cas pour toute brochure spéciale ou prétendue telle[2]. Même dans ce cadre étroit, j'ai pu commettre quelques omissions, mais qui ne sauraient modifier beaucoup le résultat général.

En résumé il faut convenir que la linguistique, malgré d'énormes *desiderata*, n'a pas trop à se plaindre ; sous ce rapport quelques contrées de l'Orient sont même mieux partagées que plusieurs pays de l'Occident, où, à la vérité, les Bohémiens, moins nombreux, attirent moins l'attention des observateurs. J'ajouterai que, pour la grande zone que je viens de parcourir, la statistique et même l'ethnographie banale, peuvent trouver aussi le plus souvent à se satisfaire en gros, dans les ouvrages dont je me suis interdit d'aborder la liste beaucoup trop longue. Mais l'histoire proprement dite, c'est-à-dire la série des documents qui nous feraient connaître tout ce qui se rapporte aux Bohémiens

---

1. Un érudit roumain déjà nommé, M. Hajdeu, m'a indiqué de vive voix, en 1868, un recueil d'anecdotes et de bons mots des Bohémiens de Hongrie, intitulé *la Stematographia tsigana madiarski* (en serbe), par Arcadius de Bellan. Pesth, 1834, in-4°. Je n'ai pu me procurer cette brochure, qui doit avoir quelque analogie avec celle-ci, que je possède : *Eredeti Tréfak, Adomác s Mondak a Czigany Életbol, irta oreg Hegedüs Lajos* (Originales plaisanteries, anecdotes et bons mots de la vie des Tsiganes, par le vieux Louis Hegedus), 2ᵉ édit., Pest, 1864, petit in-8° de 208 p. — Voilà de ces curiosités amusantes qu'on devrait traduire.

2. A ce compte, j'aurais peut-être dû nommer, malgré son insignifiance, la brochure dont j'ai rendu compte dans la *Revue Critique* du 28 mai 1870 : H. Bernard, *Mœurs des Bohémiens de la Moldavie et de la Valachie*. Paris, 1870, in-18, 68 p.

dans chaque pays, sinon depuis l'époque où ils s'y sont établis, du moins depuis l'époque où l'histoire a commencé pour ces contrées ; mais l'anthropologie de la race, mais ses traditions, ses croyances, ses chants, ses coutumes, ses mœurs secrètes, c'est-à-dire le fonds même de sa vie, et même pour certains pays, ses habitudes extérieures (ses habitations, ses véhicules, ses industries, ses instruments de travail, ses ustensiles, son vêtement, souvent fort primitif, etc. : ici je songe surtout aux régions extrêmes de la Russie, Sibérie, qu'il m'est bien permis pour la circonstance de rattacher à l'Europe, Caucase, Crimée, mais aussi à d'autres contrées du sud-est de l'Europe) : tout cela nous demeure presque inconnu.

Puisse cette remarque, et le maigre bilan qui la justifie, piquer le zèle de quelques uns de ceux qui, là-bas, en tant de lieux où les Bohémiens abondent, pourraient, sans grande préparation, mais avec quelque esprit de sagacité et de précision, amasser de petits trésors d'observations originales et de recherches patientes ! Il faut laisser au petit nombre de gens compétents sur ce sujet, plus vaste qu'on ne pense, les travaux d'ensemble, soit historiques, soit linguistiques, soit ethnographiques ; mais ce que peuvent faire très-utilement les érudits locaux et les observateurs même les moins érudits, ce sont des monographies originales; ce sont, d'une part, des notices historiques bourrées de documents qu'on ne peut jamais faire connaître trop complètement et avec trop de précision [1], et, d'autre part, des relations, je dirais presque des procès-verbaux, d'enquêtes sur les traditions, les noms ethniques, les légendes [2], les croyances, les mœurs, les coutumes et toute la vie secrète des Bohémiens, des recueils de chants et de matériaux linguistiques, lorsqu'on est en mesure d'en recueillir, et des séries d'observations anthropologiques, si l'on est familier avec ce genre d'études. J'ose, en même temps, recommander à tous ceux qui s'occuperont sérieusement, sous un des rapports quelconques que je viens d'indiquer, des Bohémiens de la région danubienne, de la Roumélie, de l'Asie Mineure, etc., de faire un relevé aussi complet et aussi intelligent que possible des diverses classes bohémiennes, et de noter avec soin tous les traits qui les distinguent, de ne pas manquer du moins de spécifier à quelle classe et à quelle tribu, indigène ou exotique, apparte-naient les Bohémiens qui leur auront fourni telles ou telles observations, qui peuvent fort bien ne pas s'appliquer indifféremment aux uns et aux autres, et qui pourront prendre un jour une valeur inattendue. Il n'y a pas de temps à perdre;

---

1. En ce genre, la Hollande a produit un livre modèle que tout le monde ignore : c'est un volume in-8° de VIII et 160 pages compactes (*Geschiedkundige onderzoekingen aangaande het verblijf der Heidens of Egyptiërs in de Noordelijke Nederlanden,* par J. Dirks, Utrecht, 1850), dans lequel l'auteur (qui, depuis, a encore fourni des suppléments) a donné, le plus souvent in extenso, en les entremêlant de commentaires, tous les documents originaux, publiés ou inédits, qu'il a pu recueillir sur les Bohémiens en Hollande. Ces documents sont classés par provinces; l'ouvrage commence par une notice sur les Bohémiens en général, qui n'est pas la partie importante du livre, et il se termine par un résumé de leur histoire dans le pays. — Aucune autre monographie de ce genre n'a été faite en Occident.

2. Sans même négliger les légendes pseudo-chrétiennes : je montrerai ailleurs l'intérêt historique qu'elles peuvent avoir.

car, en plusieurs endroits, en Roumanie par exemple, de grandes transformations s'accomplissent dans la population bohémienne, les classes se fondent, les traditions se perdent, la langue s'altère; presque partout les mœurs originales commencent à s'effacer.

En terminant, je ne puis résister au désir d'ajouter encore quelques recommandations spéciales. Parmi les coutumes et les rites, porter une attention particulière sur tout ce qui a rapport au mariage, au divorce (quelquefois accompagné du sacrifice d'un cheval), aux enterrements, aux sépultures (souvent mystérieuses et cachées), et aussi aux particularités du baptême. — S'enquérir notamment du *latcho diklo* (*latcho* ou *lacho*, bon; *diklo*, linge, mouchoir, serviette, mot qui prend aussi, comme on va voir, un sens tout particulier). Suivant M. Borrow, le *lacha*, qui devient ici un substantif, est la chasteté *corporelle* [1] de la femme ou de la fille, chose sacrée parmi les Gitanos; et le *diclé* (*sic*, comme dans le *Vocab.* de Vaillant, qui déjà ne donne à ce mot employé seul que le sens de *ceinture*), est une partie du vêtement des jeunes Gitanas qui est étroitement liée au *lacha*, une espèce de ceinture que leur mère elle-même noue d'une façon particulière, qu'elle visite et surveille jusqu'au jour du mariage. Ce jour-là, quatre matrones, deux choisies par le futur, deux par la future, s'assurent que le *lacha* a été respecté, et elles déploient aux yeux du fiancé et de sa famille un beau mouchoir blanc, un mouchoir de baptiste (le *diclé*), qui va devenir le drapeau de la fête (*The Zincali*, t. I, p. 332-334, 339-340). Les informations de M. Borrow sont-elles bien exactes? Celles que je trouve dans une excellente notice anonyme sur les Bohémiens d'Espagne [2], insérée par BRIGHT à la suite de ses *Travels through Lower Hungary*, (Edimb., 1818, in-4°, p. LXXIII,) concordent beaucoup mieux avec celles que j'ai obtenues de divers Bohémiens sur ce qui se pratique parmi les tribus du Piémont et même de la Catalogne. D'après ces diverses informations, les choses se passent un peu autrement et d'une manière plus difficile à raconter. Je me bornerai à dire que les matrones qui visitent la jeune fille immédiatement avant la célébration du mariage, rapportent de cette visite solennelle un mouchoir sanglant (c'est le *latcho diklo* [3]) qui

---

1. M. Borrow (*The Zincali of Spain*, 1ʳᵉ édit, 1841, la seule, je crois, qui soit complète), explique très-bien; t. I, p. 322, ce mot que je souligne. Il faudrait ajouter que, dans d'autres pays, en Égypte par exemple, la fidélité aux lois du mariage et aux devoirs envers la tribu trouve même le moyen de se concilier avec la violation de la chasteté corporelle de la part de la jeune fille avant son mariage. C'est là un sujet très-complexe, comme je le remarque dans une note, p. 1122, de mon article du *Paris-Guide* sur *les Bohémiens ou Tsiganes à Paris*, où je relève quelques traits de pudeur bohémienne qui font honneur à la race.

2. L'auteur de cette notice est « un ami » de Bright, lequel ami l'a écrite pendant un séjour en Espagne en 1816-17 (voy. p. IX de la Préface). Elle est suivie d'une liste comparative de mots et de phrases bohémiens recueillis, en Espagne probablement, par cet anonyme, en Angleterre et en Hongrie apparemment par Bright, qui lui-même s'est occupé des Bohémiens pendant son voyage (p. 109, 188 et 521-544) et après son retour en Angleterre. C'est l'apparition de l'ouvrage de Hoyland qui l'arrêta dans ses recherches (voy. Préface, p. IX-X).

3. Le nom *lacha*, donné par Borrow, se retrouve sous la forme *ladj*, *latch*, — sanscrit *ladjda*, — avec le sens de *honte*, *pudeur*, dans Paspati, *Les Tchinghianés*, p. 325. — *Lat-*

devient également le drapeau de la fête. Une coutume pareille ou analogue existe chez les peuples musulmans [1], et aussi chez d'autres peuples orientaux [2]; et les Bohémiens l'ont certainement apportée d'Orient, où il serait surprenant qu'elle ne se retrouvât point parmi eux. Personne cependant ne l'y a signalée, que je sache. — Mais qu'on ne s'attende pas à obtenir des révélations sur tous les sujets mystérieux que je viens d'indiquer, sans y mettre beaucoup d'habileté et d'insistance discrète. Ce sont là les secrets de la race : pour les pénétrer, il faut obtenir la confiance des Bohémiens qu'on interroge, et, de plus, s'adresser à ceux qui connaissent les vieilles coutumes, quelquefois déjà abandonnées.

J'ai grand'peine à quitter ce sujet, et je demande la permission d'ajouter encore quelques mots sur les chants et les traditions. Dans les notes de Reuss, publiées par Pott dans un article indiqué plus haut, il est question (p. 327) d'un *chant célèbre de Pharaon* (berühmte Pharaonslied), qui est plus long que la plupart des chants des Bohémiens hongrois, « souvent composés de quatre vers « seulement, » et « qui paraît avoir un caractère épique. » Voilà un chant qu'il importerait de recueillir, autant que possible avec une traduction littérale, presque toujours nécessaire pour comprendre le texte et même pour le rétablir. Ce chant fait évidemment partie des traditions de la race (qui sont toutes à noter avec leurs variantes); et, à défaut du texte, toujours difficile à écrire, il faudrait au moins tâcher d'en avoir la traduction, ou même l'analyse, en soignant particulièrement les passages qui peuvent prêter à quelque déduction historique. Rechercher aussi les chants de travail, chants de forgerons, chants d'orpailleurs, etc., et tous ceux qui accompagnent des cérémonies, des rites, des actes importants de la vie, et puis les hymnes au soleil, à la lune, au feu. Rechercher en même temps si les Bohémiens d'Orient n'ont pas, comme ceux de la Norwége, quelque tradition relative à un Dieu lunaire ayant les deux noms de *Dundra* et d'*Alako* ou de *Raho*, etc.

Pour le coup, je m'arrête.

P.-S. — L'article qu'on vient de lire était écrit avant le siége de Paris par les Allemands, et il a attendu plus d'un an sa publication, suspendue par l'interruption forcée de la *Revue critique*. Vers le moment où je l'écrivais, paraissait à Constantinople un nouvel ouvrage important de M. Paspati, dont je n'ai pu avoir connaissance que pendant un court séjour que j'ait fait à Londres entre les deux siéges de Paris. Grâce à l'obligeante entremise d'un ami anglais, la librairie Asher de Londres voulut bien alors me prêter pour un jour franc

---

cho diklo (bon linge) serait-il une altération de *latcheskoro* ou *ladjeskoro diklo* (le linge de la pudeur, c'est-à-dire de la chasteté)? Je ne sais; tout ce que je puis dire, c'est que j'ai donné le mot et l'explication tels qu'ils m'ont été fournis par plusieurs Bohémiens.

1. Voy. notamment *La femme arabe dans la province de Constantine*, par le docteur Bonnafont, Paris, 1866, in-8° de 20 p. (extrait de l'*Union médicale*), p. 13-14.

2. Voy. Simson, *History of the Gipsies*, London, 1865, note de la p. 262. — D'après cet auteur, p. 260 et suiv., une vérification analogue, que toutefois il ne décrit pas, a lieu, au moment du mariage, parmi les Gipsies d'Écosse; mais là elle est précédée d'une autre cérémonie fort étrange, et non moins difficile à raconter, dont il donne le détail.

l'unique exemplaire qui se trouvait en magasin, et qui était déjà vendu au prix respectable de 1 livre 15 sh., = 43 fr. 75 c. Sur des notes prises ainsi à la hâte j'avais préparé un *post-scriptum* au présent article. Mais j'ai pu, dernièrement enfin, me procurer à Paris le volume (à un prix plus modéré); ce qui me permettra d'en rendre compte plus pertinemment dans le prochain fascicule.

Etudes sur les Tchinghianés ou Bohémiens de l'Empire ottoman, par Alexandre G. PASPATI; D. M. — Constantinople, imprimerie d'Antoine Koroméla, rue Perchembé-Pazar; n° 3. 1870. Gr. in-8°, XII et 652 p.

L'espoir que j'exprimais dans mon précédent article [1], de voir M. Paspati poursuivre des études, si bien inaugurées par son *Memoir on the Gypsies as now used in the Turkish Empire*, se réalisait au moment même où je m'occupais de ce premier travail publié en 1862.

Voici la composition du nouvel ouvrage : — *Avant-Propos* p. vij-x. — *Abréviations de quelques ouvrages cités dans ce travail* ; et *Errata*, p. xj-xij. — *Première Partie*. Ouvrages les plus récemment publiés sur les Tchinghianés. Mœurs et habitudes des sédentaires et des nomades ; manière d'acquérir leur langue : p. 1-38. — *Deuxième Partie*. Grammaire : p. 39-125. Outre ses divisions naturelles, elle comprend (p. 75-80) la double série des *noms de nombre* des Bohémiens rouméliotes et des Bohémiens asiatiques, lesquels ne se retrouvent pas la plupart dans le vocabulaire tchinghiané et sont tous absents du vocabulaire français, en sorte qu'il faut être averti du lieu où on les trouvera ; et (p. 115-117) quelques remarques importantes sur la *Grammaire des Tchinghianés asiatiques*, suivies (p. 118-125) d'un *tableau comparatif de quelques termes de la langue des Tchinghianés rouméliotes et de celle des asiatiques*. — *Troisième Partie*. Vocabulaire (bohémien-français, dressé dans l'ordre alphabétique vulgaire, qui toutefois n'est pas toujours rigoureusement suivi) : p. 126-593. — *Quatrième Partie*. Contes. (6 contes, texte bohémien sur une page avec traduction en regard sur l'autre page) : p. 594-629 — *Noms des* Tchinghianés, (il s'agit seulement ici des noms propres personnels) : p. 630-631. — *Vocabulaire français-tchinghiané* ; p. 632-652. — Ce volume ne contient aucune table des matières, et il se termine au bas de la p. 652, sans même l'avertissement consacré, *fin*.

Ce nouvel ouvrage paraît naturellement destiné à remplacer le premier, en le complétant et en le rectifiant ; et on s'attend conséquemment à y retrouver tout ce qui, dans le premier, n'était pas sujet à changement. Mais, en comparant les deux ouvrages, on s'aperçoit bientôt que l'auteur, qui ne donne pas la moindre explication à cet égard, a compris autrement sa tâche. — Cette observation, on le devine aisément, ne porte pas à fond sur le vocabulaire : l'auteur ne pouvait

---

1. Voy. p. 10 (*Revue critique*, 1870-1, t. II, dans l'art. n° 171 sur *Les derniers travaux relatifs aux Bohémiens dans l'Europe orientale*, p. 200).

se dispenser d'y répéter les mots et les explications essentielles déjà contenus dans sa précédente étude ; mais, là même, les changements et suppressions sont plus nombreux qu'on ne s'y serait attendu[1]. — Je ne prétends pas dire qu'ils ne soient pas toujours fondés, qu'ils n'aient pas toujours au moins leur raison d'être dans la pensée de l'auteur ; mais, quand on voit comment il procède hors du Vocabulaire, il est difficile d'être tout-à-fait convaincu d'avance qu'il en soit ainsi, et de ne pas croire que, sur certains mots, il pourra être bon de consulter encore l'ancien Vocabulaire. Le reproche que mérite dans tous les cas M. P. est de n'avoir pas coupé court à de pareils doutes, par quelques explications qu'on devait s'attendre à trouver dans l'Avant-Propos.

Ce qui fait planer ces doutes sur le vocabulaire, c'est, je le répète, la manière dont l'auteur a procédé dans les autres parties de l'ouvrage. — Même dans la nouvelle grammaire, assurément beaucoup plus complète aussi et plus aprofondie que la précédente, il a omis des explications utiles qu'il avait données dans celle-ci et qui demandaient à être, non seulement reproduites, mais complétées et rectifiées au besoin : — sur la phonologie, par exemple et sur la valeur attribuée à certaines lettres (Conf. *Memoir*, p. 88-94 et *Les Tchinghianés* p. 37-38, 127, et *passim* en tête de quelques-unes des lettres ·initiales). — Il me semble, par parenthèse, que l'auteur nous devait quelques explications, qui ne se trouvent ni dans l'ancien travail ni dans le nouveau, sur certaines articulations, répondant à quelques lettres grecques, comme le γ, le θ, le χ, etc., qui doivent se rencontrer très-fréquemment dans la langue des Bohémiens rouméliotes. S'il employait ces lettres, comme il le fait très-rarement, mais quelquefois (par ex., p. 37, 83, 536), et toujours sans explication, il devait, sinon donner leur valeur, le plus souvent inexprimable (le θ, qui fait exception, répond assez bien au *th* anglais, et je crois que M. P. le rappelle quelque part), du moins dire, pour beaucoup de Français, très-peu familiers avec l'alphabet vocal des Grecs, qu'il y a là certaines articulations particulières qui ne peuvent se rendre que par les lettres grecques. Si, au contraire, il renonçait à l'emploi de ces quelques lettres grecques, comme il l'a généralement fait, et comme cela était en somme préfé-

---

1. Je ne citerai, pour exemples, que les deux premiers articles du nouveau Vocabulaire qui se retrouvent dans l'ancien : « *Abtchin*, acier, » se trouve réduit à ces deux mots, lorsque l'article correspondant de l'ancien Vocabulaire, « *Steel, abchin…* », contenait 9 lignes serrées qui m'avaient semblé intéressantes. Il est vrai que M. Ascoli (p. 56-57) ne trouve nullement satisfaisante l'explication que M. Paspati n'avait donnée lui-même qu'avec doute. Mais, outre que le rapport du mot avec le persan *abgine*, verre, cristal, ne semble pas si à dédaigner, surtout quand on tient compte de la signification intermédiaire du mot *abchin* ou *abtchin*, l'acier et le silex réunis pour servir de briquet, M. Ascoli lui-même avait retenu de l'article de M. Paspati cette signification, qui ne semble pas douteuse (elle se retrouve dans Pott, II, p. 52, sous le mot *aschpin*, qui est à la vérité distingué de *absia*, acier), et qui a disparu ici. — Dans l'article *Adjai*, atchai, le 4ᵉ du nouveau Vocab. et le 2ᵉ de ceux qui se retrouvent dans l'ancien, tous les exemples sont changés ; et c'est ce qui arrive le plus souvent, par suite évidemment, et du besoin qu'a éprouvé très-fréquemment l'auteur de donner des formes plus pures, et de l'abondance de ses matériaux ; ici on ne peut qu'applaudir à un parti pris qui, tout en améliorant et enrichissant l'œuvre nouvelle, laisse une certaine valeur propre à l'ancienne ; mais il est bon que les *tsiganologues* sachent qu'ils trouveront encore dans le précédent travail des éléments qui ne sont pas dans le dernier.

rable pour éviter des complications graphiques, il était d'autant plus nécessaire de nous dire si ces articulations grecques sont généralement entrées, comme je le suppose, dans la langue des Bohémiens de Roumélie, et de nous indiquer par quelles lettres françaises il a essayé de les rendre, sous quelles lettres elles se retrouvent le plus souvent. — Pourquoi, aussi, ne pas·avoir donné, p. 40 du nouveau livre, avec les rectifications et explications nouvelles, le tableau de la déclinaison de l'article, comme l'auteur l'avait fait p. 94 du premier travail ? Rien ne remplace un pareil tableau, et ce tableau était d'autant plus nécessaire que, d'après les exemples fournis, l'article féminin (celui précisément qui ne se retrouve pas dans les paradigmes des noms, p. 50-51), diffère singulièrement de celui que l'auteur avait donné précédemment, et que ces exemples ne portent que sur deux cas ; en sorte que, pour retrouver les autres, il faut faire un travail compliqué et assez incertain, les Tsiganes grossiers, qui confondent souvent les genres (p. 41), employant aussi l'article d'une manière très-irrégulière[1], qui se réflète sans doute dans les citations dont le livre est rempli. Quoi ! voilà un article qui se compose, en définitive, de l'une de ces trois lettres, o, i, e, pour les deux genres, les deux nombres et les sept cas (sur huit, le vocatif n'ayant pas d'article) ; et il est impossible, après avoir lu le § de M. Paspati sur l'article, après avoir même recouru à la déclinaison des noms, d'en dresser le tableau complet ! Je ne veux pas pousser plus loin la comparaison des deux grammaires et rechercher si la première ne contient pas d'autres choses qui auraient dû entrer dans la seconde et qui ne s'y retrouvent pas. Outre qu'une pareille comparaison est fort longue, je n'y serais pas toujours compétent.

Mais c'est à la Première Partie, je veux dire à l'introduction bibliographique, ethnographique, etc., de la dernière publication, comparée à celle de la première, que s'applique surtout la remarque générale, dont je poursuis la vérification. Ce sont deux notices sur le même sujet, mais aussi différentes que pouvait les faire le même auteur. Certes, je ne me plaindrai pas de trouver ici du nouveau, je me plaindrais plutôt de ne pas en trouver assez. Mais pourquoi ne pas avoir refondu dans la seconde notice tout ce qui gardait son intérêt dans la première, c'est-à-dire presque tout ce qu'elle contenait ? Le procédé contraire me paraît d'autant plus regrettable, que la première publication n'était qu'un tirage à part, imprimé sans doute à un nombre restreint d'exemplaires, et que la seconde est assez coûteuse pour qu'on s'attende à la trouver aussi complète que l'auteur pouvait la donner. — J'aurai occasion d'entrer ultérieurement dans quelques détails qui viendront à l'appui de cette observation. Je noterai tout de suite ici que M. P., qui donnait dans sa première introduction la notice d'environ vingt-cinq auteurs ayant traité des Bohémiens, ne nous donne plus que la notice des écrits qui ont paru depuis la publication de l'ouvrage de M. Pott, (ils sont au nombre de neuf à sa connaissance). Par exception, ce parti pris est en un sens très-justifiable ; car la précédente notice n'était qu'une reproduction abrégée de celle qu'avait

---

1. « Dans la bouche de gens si ignorants, l'article souffre des changements continuels. » (p. 40).

donnée M. Pott (*Quellen*, au commencement du t. I de *Die Zigeuner*); elle n'était nullement nécessaire ici, tandis qu'il pouvait y avoir quelque intérêt à faire connaître les écrits publiés depuis. Mais ce qui importait encore bien plus au lecteur du nouveau volume qu'une appréciation plus ou moins détaillée de tels ou tels ouvrages, c'était une liste bibliographique des auteurs, antérieurs ou postérieurs à la publication du grand travail de M. Pott, et ayant traité ou non des Bohémiens, que M. Paspati cite couramment dans son livre, d'une manière si abrégée qu'il doit être le plus souvent impossible à quiconque ne connaît pas d'avance ces ouvrages, de deviner le sens des renvois. Il y a là une lacune qui peut être rattachée à une critique plus générale et d'un autre ordre, que j'aurai à faire plus loin. — Mais une remarque que je ne puis me dispenser de faire ici, c'est que l'historique que l'auteur nous donnait précédemment (*Mem.*, p. 15-16, 17-19) de ses propres travaux se trouve également omis dans le nouveau volume. On ne trouve plus dans celui-ci, avec la mention bibliographique de ses deux publications dans le journal grec *la Pandore* et dans le *Journal of the Amer. Orient. Society* (p. 4 et 5), que quelques indications éparses (dans les p. 29-35) sur la manière dont il a poursuivi son étude depuis cette dernière publication. — Toutes les remarques que je viens de faire me donnent à supposer que les articles publiés dans la *Pandore* (n°s 178-182 de l'année 1857) peuvent bien contenir aussi des observations de quelque intérêt, dont nous sommes privés dans les deux publications subséquentes. Cette diffusion d'informations est regrettable.

Dans la notice que M. Paspati nous donne des derniers travaux publiés sur les Bohémiens, figure naturellement l'importante brochure de M. Ascoli, doublement importante pour l'auteur grec, puisqu'elle porte pour la plus grande partie sur son œuvre et sur les matériaux recueillis par lui[1]. Je ne puis m'empêcher de dire qu'on est surpris de la manière sommaire et légère dont il parle de ce travail (p. 7). M. P. ne paraît pas avoir compris que c'est un honneur d'avoir été étudié, critiqué, souvent même redressé par un savant de ce mérite. Sans doute aucun savant, si éminent qu'il soit, n'est infaillible; et je crois volontiers que M. P. a raison contre M. Ascoli, non-seulement sur le mot *namporemé*, mais probablement sur quelques autres. Il est possible aussi que MM. Pott et Ascoli n'aient pas mis suffisamment à profit les travaux de Coray; et, si cela est, je ne blâme pas M. Paspati de l'avoir dit. Mais il y avait autre chose à dire aussi du travail de M. Ascoli : on aurait surtout désiré savoir de M. P. lui-même dans quelle mesure il en avait profité. Je crois qu'il en a réellement profité plus qu'on ne serait porté à le préjuger, et cela surtout en supprimant un certain nombre des explications étymologiques que M. Ascoli avait critiquées. Mais pourquoi ne pas s'en être expliqué simplement?

Je n'ai guère parlé jusqu'ici que de ce qui fait défaut dans le nouveau livre de M. P.; il est temps de donner une idée de ce qu'il renferme, autant du moins que peut le faire un homme peu compétent en matière grammaticale et étymologique.

---

1. Voy. p. 11 (*Revue critique*, 1870-1, t. II, p. 201).

Nous savons déjà, par ce que j'ai eu à dire sur ce sujet dans mon précédent article, que la plus grande partie des matériaux linguistiques de M. Paspati a été recueillie des Bohémiens de Roumélie, dont un certain nombre sont sédentaires (sur ceux qui sont fixés à Constantinople ou dans les environs, voy. le nouvel ouvrage, p. 11-12), mais dont la masse principale est nomade, et voyage, d'avril à octobre, en tous sens, quelques-uns descendant des Balkans et venant même de la Serbie, de la Bosnie, pour aller quelquefois jusqu'en Asie-Mineure (p. 10 et 11), tandis que d'autres suivent la direction opposée, ou se contentent de circuler dans la province où ils ont leurs quartiers d'hiver. Ainsi, le Bosphore même n'est pas un obstacle infranchissable à ces excursions annuelles, qui ont permis à M. Paspati d'étudier la langue des Bohémiens nomades d'une circonscription très-étendue, sans s'éloigner de Constantinople.

Or la langue des Sédentaires et celle des Nomades diffèrent sensiblement : « Souvent ils ne se comprennent pas; car non-seulement ils changent le verbe; » mais plusieurs termes, oubliés par les sédentaires, sont remplacés par des mots » grecs ou turcs. Plusieurs de ces termes ont été conservés par les nomades, » qui, en outre, forment des éléments de leur propre langue des termes nou- » veaux » (p. 12, voy. aussi p. 29, 41). « C'est — donc — dans la tente que » le Tchinghiané doit être étudié, et non dans les villages des sédentaires abâ- » tardis. Là on peut apprendre la richesse de leur idiome et les expressions » propres à leur vie et à leurs besoins. N'ayant que peu de rapport avec le » monde extérieur, il a retenu une grande partie de son idiome, et a formé des » propres éléments de sa langue des termes nouveaux fort remarquables » (p. 14; voy. notamment p. 79, sur les noms de nombre, sans oublier toutefois que les noms de nombre tirés du grec, qui « sont plus propres aux sédentaires, » sont devenus des mots essentiellement bohémiens). C'est particulièrement le cas des nomades qui viennent des Balkans (voy. p. 15). — Il résulte de ces remarques que la langue des nomades est en général plus pure et plus riche. Cependant, outre que les sédentaires emploient plus régulièrement l'article (voy. p. 40), qu'ils connaissent bien mieux les genres des noms (p. 41), et que, chez eux, encore plus que chez les nomades, se retrouvent les vieux contes parsemés d'anciens mots aujourd'hui oubliés des Tchinghianés, il y a des mots proprement bohémiens (ou devenus tels par d'anciens emprunts à la langue grecque ou à d'autres langues de cette région), qui ne sont en usage que chez eux (voy. p. 32, 33, 35 et surtout 118). Il ne faut donc pas plus négliger la langue des séden- taires que celle des nomades. — Du reste les différences entre ces deux dia- lectes, quoique très-intéressantes et très-instructives, et quoique suffisantes pour empêcher souvent les nomades et les sédentaires de se comprendre aisé- ment, ne doivent pas être exagérées : « Les nomades appellent fausse la langue » des sédentaires; mais pour l'homme lettré, toutes deux doivent être simulta- » nément étudiées. Elles diffèrent peu, et, par la comparaison des deux langues » de cette vaste famille, plusieurs mots peuvent être éclaircis » (p. 32). Ce qui empêche souvent les nomades et les sédentaires de se comprendre, et ce qui porte ceux-ci à tourner en ridicule le langage de ceux-là, ce sont surtout, d'une

part, « quelques changements portant, soit sur le verbe, soit sur le pronom »
(p. 27), et, d'autre part, des « différences de prononciation et d'inflexion, » qui
« se réduisent à peu de chose pour celui qui a étudié à fond la structure de la
» langue » (p. 30, voy. aussi p. 126).

Il y a, du reste, des mélanges et des transitions presque insensibles entre le
langage des sédentaires et celui des Zaparis (p. 118), qui sont la tribu nomade
la plus sauvage. La langue de ces derniers est, en effet, celle qui s'éloigne le
plus de la langue des sédentaires; c'est une langue rude, mais très-pure; et elle
a fourni à M. Paspati « la meilleure partie du Vocabulaire » (p. 22). « Les
» sédentaires se servent quelquefois des termes en usage parmi les nomades;
» mais ceux-ci, et surtout les Zaparis, évitent soigneusement les formes propres
» aux sédentaires » (p. 118). Cependant, « entre les uns et les autres, il y a la
» langue des nombreux nomades, qui se rapproche de l'une ou l'autre langue,
» suivant le genre de vie de ces gens et leurs rapports plus ou moins suivis avec
» leurs co-nationaux » (ibid.).

La religion influe sensiblement sur ces rapports. Les nomades, beaucoup plus
nombreux que les sédentaires (p. 11), sont généralement musulmans, et « le
» nomade musulman est le grand type du vrai Tchinghiané, » qui a en Bosnie
de remarquables représentants (p. 14). Mais il y a aussi des nomades chrétiens,
et ceux-ci « ont beaucoup de rapports avec les sédentaires. Quelques-uns sont
» mariés avec des Tchinghianées villageoises. Ils évitent la société des nomades
» musulmans, et, bien qu'on les trouve souvent dans le même campement, leurs
» tentes sont dressées loin des autres. Ces Tchinghianés entretiennent des rap-
» ports avec les sédentaires, et parlent presque la même langue, mais moins
» mélangée des termes et des expressions grecques » (p. 13-14). Il faut ajouter
que « plusieurs sédentaires aux environs de Constantinople se sont mariés avec
» des filles grecques pauvres » (p. 12). D'un autre côté, il a des musulmans
qui sont devenus sédentaires, ou plutôt, je pense, des sédentaires qui sont devenus musulmans; et c'est chez ceux-ci que la langue a le plus dépéri; car, ainsi
que le remarquait M. Paspati dans son précédent travail, ils considèrent l'idiome
bohémien comme participant de l'hérésie chrétienne. « Les Tchinghianés, dans
» la ville de Constantinople, la plupart musulmans, ont presque totalement
» oublié leur langue; plusieurs de leurs enfants n'en savent pas un mot »
(p. 33). L'auteur remarque ici que les musiciens sédentaires avaient beaucoup
de chansons tchinghianées qu'ils chantaient dans les festins agricoles des Chrétiens et des Musulmans, mais dont l'usage se perd. — Ainsi, il paraît résulter
des observations précédentes que les plus purs et les plus farouches des Tchinghianés et ceux qui ont le mieux conservé leur langue, sont les nomades musulmans du Nord, Zapari, Bosniates, etc., et les plus abâtardis, les sédentaires
également musulmans de Constantinople et peut-être d'ailleurs.

En résumé, le genre de vie différent, sédentaire ou nomade, et la profession
religieuse différente, chrétienne ou musulmane, paraissent être les deux principales causes qui ont influé sur la langue; et les petites diversités de langage, à
leur tour, s'ajoutent aux deux autres différences pour créer entre les Tchinghianés

des oppositions, qui sont très-tranchées lorsque les trois causes de séparation sont réunies, qui s'atténuent au contraire lorsqu'elles se croisent [1]. « Outre la » différence du langage, il y a entre les sédentaires et les nomades un sentiment » de mépris mutuel, profondément enraciné chez tous. Les sédentaires, en par- » lant des nomades comme de barbares, se moquent de leur prononciation » inintelligible, rude et rauque, de leur nudité et de leur crasse ignorance. Les » nomades, de leur côté (surtout les musulmans, p. 259), appellent les séden- » taires *Kalb-Tchinghianés* (faux Bohémiens), *Rayd-tchinghianés* (Boh. rayas), » *Kalpazán-tchinghianés* (inexpliqué), *Lákhos* (Valaques) [2], et ils évitent, autant » que possible, tout commerce avec eux..... Les nomades accusent les séden- » taires de changer de religion, selon les convenances de leur position, et d'être » musulmans ou chrétiens en même temps : reproche qui, selon ma propre ex- » périence, est propre aux nomades [3], et particulièrement à la classe appelée » Zapári » (p. 13). Cependant ces barrières ne sont pas toujours infranchis- sables : « Dans les tentes on rencontre quelquefois des filles de sédentaires chré- » tiens, qui sont mariées avec des nomades musulmans » (p. 31).

Tout ce qui précède s'applique particulièrement aux Bohémiens de la Roumélie. Mais dans l'Asie-Mineure ils sont également « fort nombreux. » M. Paspati ne les y a pas visités lui-même. Mais « ceux qui parcourent la province de Bithynie » et la côte méridionale de la Propontide viennent camper souvent aux environs » de Constantinople et près des villages plus au nord; » et conséquemment l'auteur a eu souvent occasion d'en interroger. « Leur langue ne diffère pas » essentiellement de celle des nomades de Roumélie » (p. 16). — Il en est autrement de la langue de ceux de l'intérieur de l'Asie-Mineure, pour l'étude de laquelle M. Paspati a eu un collaborateur précieux, le Rév. Andrew T. Pratt, « orientaliste infatigable » qui, sur sa demande, « a fait une riche collection de » termes parmi les Tchinghianés errants dans le voisinage de Marach (ancienne » Malatia, Mélitène), d'Aintab (ancienne Antiochia ad Taurum), et jusqu'aux » bords de l'Euphrate » (p. 16). Les mots fournis par le Rev. A. T. Pratt sont marqués dans le vocabulaire: (As). — Quelques mots recueillis par le Rév. A. H. Michael, pasteur protestant à Tokât, et envoyés par lui au Rév. M. Hamlin (le traducteur du précédent travail de M. Paspati), sont insérés aussi dans le voca-

---

1. Il y a entre les Tchinghianés une autre cause de démarcation, qui est certainement, au point de vue historique et ethnographique, la plus intéressante de toutes, et qui peut produire aussi entre eux certaines oppositions : c'est leur fractionnement en classes ou tribus distinctes, *Zapári*, *Malkotch*, etc., etc., classes qui paraissent répondre originai- rement à des corporations de métier, mais qui n'ont pas exclusivement ce caractère, puisque certains métiers se retrouvent dans des classes différentes. Il est regrettable que l'attention de M. P. ne se soit pas portée sur ce sujet intéressant.

2. Ces dénominations reviennent, p. 21-22, avec une allusion aux noms par lesquels on désigne en Moldo-Valachie les diverses classes de Tsiganes, noms « qui sont, dit l'auteur, d'origine étrangère à leur race. » — Quant au nom de *Lákhos*, signifie-t-il bien Valaque, comme il le dit (p. 13 et 327)? Dans tous les cas, il doit venir de Hongrie, où ce nom, *Lakos cziganyok*, sert précisément à désigner la classe des Bohémiens sédentaires, *domigenæ* (voy. Benko, *Transsilvania*, Claudiopoli, 1834, t. I, p. 504).

3. L'auteur a voulu dire sans doute : « reproche que méritent aussi bien les nomades et particulièrement les *Zapari*. »

bulaire avec la marque : (Tch. Tokát) (p. 17). Enfin M. Paspati lui-même a recueilli de temps en temps des mots auprès des Bohémiens de l'intérieur de l'Asie-Mineure qui viennent quelquefois aux environs de Constantinople (p. 115). Pour ceux-ci, l'auteur n'indique aucun signe particulier, et je suppose qu'ils se trouvent compris, avec ceux qui viennent du Rév. A. T. Pratt, sous la même marque générale.— C'est ainsi que M. Paspati a enrichi son vocabulaire de matériaux qui ont un intérêt spécial, et qu'il a pu donner un aperçu des particularités de la grammaire des Tchinghianés asiatiques (115-117) et un tableau comparatif de leur langue et de celle des Tchinghianés roumeliotes, sédentaires et nomades (p. 118-125).

Nous devons aussi au Rév. A. T. Pratt et au Rév. A. H. Michael, quelques renseignements trop courts, mais précieux (voy. p. 16-17) sur les Bohémiens des deux pays qu'ils habitent, le premier dans la partie de l'Asie-Mineure qui s'étend entre le mont Taurus et la Syrie, le second plus au nord dans la province de Roum qui est limitrophe de l'Arménie. Ces derniers appartiennent la plupart à l'Église arménienne, tandis que les autres se rattachent à diverses sectes musulmanes. Au dire du Rév. A. H. Michael, les Bohémiens de Tokat « ont presque » entièrement perdu leur langue première. Ils n'ont plus qu'un mélange confus » de mots, en partie bohémiens, en partie arméniens et turcs. »

Il m'a semblé intéressant de réunir, comme je viens de le faire, les notions, beaucoup trop éparpillées, que l'auteur nous donne sur ses sources vivantes et sur les caractères distinctifs des trois dialectes qu'il a étudiés, — ceux des sédentaires et des nomades de Roumélie, et celui beaucoup plus tranché des Asiatiques.

Sur la méthode et les moyens d'investigation qu'il a employés, on trouvera dans les dix dernières pages de sa Première Partie (depuis la p. 28) des détails qui ont aussi leur intérêt. Trois choses ont puissamment servi M. Paspati auprès des Bohémiens, et surtout de ces nomades souvent si peu accessibles, de ces Zapári, les plus farouches de tous, et qui étaient devenus « les Tchinghianés de » sa prédilection » (p. 31), à savoir : la connaissance de la langue, moyen d'introduction qui ne manque presque jamais son effet (p. 30); sa qualité de médecin, qui lui a permis de leur donner des soins (p. 31, 32), évidemment inspirés presque autant par l'humanité que par l'intérêt de ses études; enfin l'argent (p. 30-31), qui a le don de fixer l'attention de ces natures mobiles et de ces esprits grossiers sur des questions dont l'intérêt leur échappe, et qui n'excitent d'abord que leurs défiances. Mais M. Paspati a eu des auxiliaires qui méritent une mention. Le lecteur de mon précédent article n'a sans doute pas oublié le Bohémien grec, Andréa George, qui avait tant servi M. Paspati dans ses études précédentes [1]. Ce Bohémien n'est même plus nommé ici. En revanche l'auteur nous fait connaître (p. 33-35) deux autres Tchinghianés qui lui ont été du plus grand secours : Stavri Lámprou, ancien maître d'école, ancien Tcheribachi (collecteur de la taxe parmi les Bohémiens, voy. p. 27-28); et Léon Zafíri, de son état faucheur, musicien et *conteur*, homme de grande intelligence sous ses haillons,

---

1. Voy. p. 9 (*Revue critique* 1870-1, t. II, p. 199).

et d'une mémoire extraordinaire, de la bouche duquel il a recueilli « un grand
» nombre de contes fabuleux dont une partie a été insérée dans le texte du
» vocabulaire (sic)..... Ces contes, dit l'auteur, sont très-vieux..... j'en ai plu-
» sieurs volumes dans mes papiers. » Ils contiennent des mots qui sont aujour-
d'hui tout à fait oubliés des Tchinghianés.

Quoique « venant de loin » et ayant retenu tant de choses, ce Zafiri n'était
ni un Zapari, ni même, ce semble, un Tchinghiané tout à fait nomade. M. Paspati paraît l'avoir eu quelque temps sous la main, et avoir tiré de lui beaucoup
d'informations linguistiques très-précieuses. Quant à Stavri Lámprou, un Bohémien sédentaire évidemment, c'est moins encore par ce qu'il savait, que par sa
collaboration aux recherches de l'auteur, qu'il lui rendit d'inappréciables services.
Il se mit à parcourir aux frais de M. Paspati les villages éloignés de Constantinople, visitant et interrogeant ses anciens administrés, entrant dans les tentes des
farouches nomades, et, quoique souvent mal accueilli de ceux-ci, obtenant d'eux,
à force d'intelligence et d'habileté, des noms et des verbes, inconnus de M. Paspati comme de lui-même, « qu'il notait dans son portefeuille. Stavri dans ses
» excursions portait toujours une liste de termes, ou inconnus ou douteux, qu'il
» tâchait d'apprendre des nomades. Bien que connaissant à fond sa langue, il
» fut étonné du grand nombre de termes ignorés par les sédentaires et fort
» usuels chez les nomades. Après ses courses, il venait chez moi, apportant dans
» son portefeuille le résultat de ses recherches. Cet homme infatigable souvent
» ne connaissait pas ce que les nomades lui dictaient. Quelques mots échappaient
» à son attention ; mais après quelques mois de rapports avec les nomades, il
» finit par comprendre même les Zapáris. Tous les matériaux rassemblés par
» ce Tchinghiané fidèle ont été vérifiés par moi-même, dans mes nombreuses
» visites aux villages et aux tentes » (p. 33-34).

Les résultats de ces nouvelles recherches poursuivies depuis dix ans, sont
considérables. L'auteur explique lui-même (p. 28 et suiv.) les accroissements
et les améliorations que son œuvre a subies dans cet intervalle, en signalant les
difficultés de la tâche, les causes d'erreurs, inévitables au début de pareilles
recherches, et les fautes dans lesquelles lui-même avait dû tomber dans son
précédent travail, « à cause de l'insuffisance de ses matériaux et de l'ignorance
» de ses maîtres Tchinghianés » (p. 29). « Le vocabulaire d'aujourd'hui est in-
» finiment plus riche ; car il contient la langue de *presque* (c'est moi qui souligne)
» tous les Tchinghianés de la Roumélie et des provinces très-éloignées de notre
» ville. Il est basé sur la langue des sédentaires et sur celle des nomades,
» laquelle, à cause de sa rudesse et de la non-prononciation de plusieurs con-
» sonnes, est souvent fort difficile à comprendre » (p. 29).

Je crois que ce vocabulaire doit contenir environ 1200 mots. Ce chiffre est
considérable, surtout si l'on tient compte du développement donné à certains
articles et des diverses acceptions qui s'y trouvent assez souvent. Cependant ce
vocabulaire est loin de répondre à toutes les exigences de la pensée, même chez
des esprits barbares ; et il y manque beaucoup de mots qui se retrouvent dans
les autres vocabulaires bohémiens, et qui, visiblement authentiques, ne rentrent

pas dans la catégorie de ceux qui auraient été « fabriqués par les Tchinghianés » (d'Europe) au gré des savants et des curieux » (p. 14). M. P. lui-même remarque que la langue des Tchinghianés est « simple et peu riche » (p. 30)[1]; et ce dernier point ne peut guère faire de doute, si, comme il le pense, son vocabulaire « contient presque tous les termes en usage chez les Tchinghianés » de toutes les vastes provinces de la Roumélie » (p. vij). Il est difficile de croire cependant qu'il n'eût pas pu l'accroître de certaines séries de mots qui ont leur importance spéciale. Il donne à entendre (p. 14) qu'il s'est préoccupé, bien plus que précédemment, de la recherche des noms qui répondent aux habitudes et qui touchent de près aux mœurs des Bohémiens; et il remarque (p. 15) que le nomade a plus de 40 mots pour sa tente et les instruments de sa profession. Cependant certains noms de métaux très-usuels, que j'avais cherchés vainement dans le précédent vocabulaire[2], font encore défaut dans celui-ci, à l'exception d'un seul, celui de l'étain (qui, par parenthèse, se trouve exprimé ici par trois ou quatre mots différents, ce qui prouve que la langue bohémienne n'est pas pauvre en ces matières). Comment concevoir que les Tchinghianés, qui sont depuis un temps immémorial de grands travailleurs de métaux, n'aient pas de mots pour désigner le cuivre, le bronze, le zinc, le laiton? — On s'étonne aussi de ne pas trouver *bonne aventure, chiromancie, divination*, ou tout autre mot de sens analogue.

Il y a d'autres mots dont l'absence est très-vraisemblablement due à une préoccupation fâcheuse, que je signalerai plus loin à propos de la religion, mais qui peut s'étendre aussi à d'autres objets. M. P. nous dit (p. 15) qu'il est oiseux de demander au Tchinghiané « des expressions sur des choses dont il ignore » l'existence. » Pour savoir s'il ignore l'existence de ces choses, il faut l'interroger d'abord, et aussi sa langue, qui peut en savoir plus que lui. Ne serait-ce pas à la préoccupation négative dont il s'agit, que nous devons l'absence, nonseulement de certains mots relatifs à la religion et à l'ordre moral, mais d'autres mots, comme *écrire*, par exemple, qui existe pourtant dans la langue des Bohémiens d'Europe? (voy. dans Pott, t. II, p. 207-209, et dans Liebich, *Die Zigeuner*, Leipzig, 1863, le mot *czinav, tschinava*, qui a les deux sens principaux de *couper* et d'*écrire*. *Chinava*, dans Paspati, *Mém.*, p. 34, n'a que le sens de *couper*, — conf. Ascoli, p. 62, — et aussi dans *Les Tching.*, où le mot est indiqué à la table française, p. 636, et très-souvent employé dans les phrases du vocabulaire, mais où il m'est impossible de le trouver dans le corps du Vocab.). —Les mots de ce genre sont précisément ceux dont il est le plus intéressant de constater la présence ou l'absence, et de chercher la signification première; et quand on ne les trouve pas chez les Bohémiens, il ne suffit pas de les omettre, il faut en constater l'absence.

Les noms ethniques des Bohémiens sont de deux sortes, ceux qu'on leur

---

1. La langue des Bohémiens de la Roumélie est-elle plus ou moins riche que celle des Bohémiens de la région plus centrale de l'Europe? C'est une question intéressante que je ne me permettrai pas de trancher.

2. Voy. p. 10 (*Revue critique* 1870-1, t. II, p. 200).

donne, et ceux qu'ils se donnent eux-mêmes, et il est nécessaire de distinguer, autant qu'on le peut, ces deux sortes de noms, qui ont chacune leur importance. Ceux de la première catégorie qui sont en usage chez les Turcs et les Grecs sont expliqués, p. 17-19. Sans vouloir entrer maintenant dans des explications qui m'entraîneraient trop loin, je dirai ici à M. Paspati que je ne puis admettre avec lui que ce soit le nom turc *Tchinghián* qui ait donné naissance à l'allemand *Zigeuner*, à l'italien *zingaro*, au grec Ἀτζίγκανος, etc., ni que ce dernier nom soit sans aucun rapport avec celui des hérétiques connus sous le nom de Ἀθίγγανοι. — J'ajouterai que le nom de *Tchinghiané*, que M. Paspati donne pour le vrai nom des Bohémiens, et qu'il voudrait, ce semble, voir appliqué à toute la race bohémienne, ne saurait être admis dans nos langues d'Occident sous cette forme turque, si ce n'est pour désigner les Bohémiens de Turquie. Si l'on veut avoir en français un nom générique meilleur que celui de *Bohémien*, qui certainement ne vaut rien, il faut adopter celui de *Tsigane*, qui reproduit les articulations essentielles du nom vulgaire le plus universel de cette race, de celui qui, sous des formes un peu diverses, est répandu dans toutes les contrées de l'Europe orientale, et même au-delà, et qui les reproduit sous une forme française qui est en même temps la plus typique, comme j'en ai eu dernièrement la confirmation. Des Bohémiens nomades de Hongrie que j'ai vus récemment à Paris prononçaient en effet le mot exactement comme je viens de l'écrire.

Quant aux noms ethniques que les Bohémiens se donnent actuellement eux-mêmes, M. Paspati, qui retrouve celui de *Rom* usité en Turquie comme dans tous les pays d'Europe (p. 19), dit qu'il s'est appliqué à en chercher d'autres, mais sans en trouver lui-même, ni parmi les Tchinghianés de la Roumélie ni parmi ceux de l'Asie-Mineure (p. 21); et il est impossible de ne pas reconnaître la valeur d'un renseignement négatif donné dans de pareils termes par un homme si autorisé, mais il faudrait se garder de l'étendre au delà du cercle où se sont renfermées ses recherches. Il révoque en doute, à tort, je puis l'affirmer pour les Bohémiens du Piémont et de quelques autres endroits[1], l'existence du nom de *Sindo* ou *Sinto*, au pluriel *Sinti* ou *Sinte*, et prétend que cette dénomination n'est autre que le *Sundò* des sédentaires, prononcé *chundò* par les nomades musulmans (p. 21): ce dernier mot, qui est un participe qu'on emploie souvent substantivement, signifie fameux, grand, distingué, renommé, riche (Vocab. p. 498). Cette explication du nom *Sinto* porte à faux.

Si M. Paspati n'a trouvé lui-même aucun autre nom ethnique que celui de *Rom*, il nous en fournit cependant trois nouveaux, qui lui viennent de l'Asie-Mineure : d'abord (p. 17) deux noms tout locaux, ce semble, qui se trouvent compris dans les quelques renseignements fournis par le Rév. A. H. Michael, pasteur protestant à Tokât : « On les nomme ici (à Tokât) *Pósha*; et ils se

---

1. La Lithuanie par ex. Voy. Zippel dans l'article de Biester, *Berliner Monatschrift*, t. 21, 1793, p. 345. — Zippel, qui ne connaît ce mot que sous la forme du pluriel *Sinte*, remarque que chez les Lithuaniens « l'*e* prend à peu près le son de l'*i*, dont il est très-difficile de le distinguer ; » remarque qui explique très-bien qu'il ait entendu *Sinte*, lorsque les Bohémiens du Piémont prononcent très-nettement *Sinti*.

» donnent eux-mêmes le nom de *Lom.* » (p. 17). Ces deux mots se retrouvent dans le Vocabulaire; le premier qui est déjà donné par M. Bœhtlingk, sous la forme *Boscha,* comme servant à désigner les Bohémiens en Arménie, n'est pas expliqué; le second est identifié à *Rom.* — Un troisième nom qui vient également de l'Asie-Mineure et qui a plus d'importance, puisqu'il paraît être le nom éthnique général que les Bohémiens de cette région se donnent eux-mêmes, est rejeté dans le vocabulaire (p. 246) où il faut le découvrir; c'est le nom de *Ghulara,* qui ne donne lieu qu'à un article de 3 lignes. L'auteur l'assimile à *Kaló* (noir) qui est un des noms ethniques des Bohémiens d'Europe, tout particulièrement en usage en Espagne, où il prend aussi la forme de *Kaloro, caloro,* qui se rapproche davantage de *Ghulara,* — indice peut-être de rapports entre les Bohémiens d'Espagne et ceux d'Asie.

Indépendamment des noms proprement ethniques, il y a des noms de classes ou de tribus, qui sont souvent employés concurremment par les habitants du pays et par les Bohémiens eux-mêmes, en sorte qu'il n'est pas toujours facile de dire si on doit les considérer comme des noms bohémiens ou comme des noms étrangers et vulgaires. — Je remarque avec surprise qu'il n'est plus question dans la nouvelle notice de M. Paspati (*Les Tching.,* 1re partie) des *Malkôch,* dont il avait dit précédemment quelques mots (*Mém.* p. 47); il faut recourir au Vocabulaire pour y trouver ces trois lignes : « Malkótch, nom donné à une tribu de » Tchinghianés asiatiques, chrétiens pour la plupart, et qui travaillent en fer ou » en bronze. Quelques-uns sont assez riches. » Leur nom n'est toujours pas expliqué, et je rappelle qu'il est donné à cette classe par les autres Tchinghianés. — En revanche, M. Paspati nous fait connaître sommairement (p. 22, 31 et 591) les *Zapári* ou *Djapári,* qui sont, dit-il, la classe la plus farouche et la plus abjecte de cette race, mais non la moins intéressante, comme nous l'avons déjà vu. M. Paspati donne à ce nom, qu'acceptent parfaitement ceux qui le portent, une étymologie bulgare, qui ne me paraît pas claire. Il aurait bien dû nous dire où est le siége principal de cette tribu; je me figure qu'elle appartient au nord de la Roumélie[1].

« On appelle *Ghiovendé* les filles Tchinghianées qui se rencontrent dans les » rues de Constantinople et dans les grandes villes de l'empire, à demi voilées, » chantant et accompagnant leur voix de forts battements de main. Elles sont » musulmanes et de mœurs très-libres. Pour la plupart des Tchinghianés, » *ghiovendé* et *lubni,* prostituée, sont synonymes. » (P. 23. M. Paspati ajoute une étymologie turque). Ces femmes me paraissent ressembler singulièrement aux *Ghazieh* d'Égypte, dites aussi *Beremikeh,* qui peuvent être identifiées, je pense, avec les *Fehemi* (sages), et qui, d'après l'assurance que m'a donnée le Dr Pruner-

---

1. C'est ce que dit (p. 91, « a north Roumelia race, ») M. John Eglington Bailey, dans un article sur le nouvel ouvrage de M. Paspati, inséré dans le *Owen's College Magazine,* n° de janvier 1871, qu'a bien voulu m'envoyer le Dr Bath C. Smart, de Manchester, auteur lui-même de la meilleure étude qui ait été faite sur la langue des Bohémiens d'Angleterre. M. Bailey a sans doute trouvé cette indication dans l'ouvrage de M. Paspati, mais je l'y cherche en vain.

Bey, ne sont autres que les Almées (d'après le savant docteur, les Almées d'Égypte sont la plupart des Bohémiennes). Les Ghazieh sont les femmes des *Gha-wāsi*, qui sont certainement une branche de la race bohémienne en Égypte.

Nous savons maintenant par M. Paspati (p. 23 et 235), que le nom de *Gadjo*, que les Bohémiens de presque tous les pays d'Europe emploient pour désigner les étrangers, les non-Bohémiens, est également en usage chez les Tchinghianés, sédentaires ou nomades, mais surtout chez ces derniers (p. 462). Puisque j'ai mentionné aussi, précédemment, les noms de *Busno* et de *Tororo*, donnés par M. Borrow, le premier comme étant d'un usage habituel parmi les Gitanos d'Espagne, et le deuxième comme employé quelque-fois par les Gypsies dans le même sens, je ne crois pas inutile de remarquer que le nom *Busnó* est donné par les autres auteurs de vocabulaires gitanos, qui à la vérité se sont presque constamment copiés (Trujillo, Zimenez et Campuzeano, tous postérieurs à Borrow), comme signifiant seulement *sauvage*, tandis que le mot *Gachó* prend chez eux la signification d'*homme*, et chez M. Borrow (*The Zincali*, 1841, in-8°, t. 2, dans le *Vocab.*), celle de « *gentleman, caballero*, pro- » prement quelqu'un qui n'est pas Bohémien. » Ce dernier mot reparait donc chez M. Borrow lui-même avec sa vraie signification. Cependant M. Borrow, qui a attribué, dans son vocabulaire, le même sens au mot *Busnó* (au pluriel *busné*), et qui a constamment et exclusivement employé celui-ci dans ses intéres-sants récits, a voulu donner dans sa 4me édition (*The Zincali*, London, J. Murray, 1846, éd. incompl. en 1 vol. in-18) l'explication de ce nom. Précédemment (voyez le vocabulaire de 1841), il avait proposé deux étymologies sanscrites signifiant un *homme* en général et une *personne impure*, en ajoutant qu'en russe *Busurmán* signifie un *paien* [2]. Tout en conservant cette dernière étymologie comme probable, M. Borrow nous dit maintenant (éd. de 1846, p. 256) que *Busno* dérive immédiatement d'une expression grossière très-répandue parmi les Magyars de bas étage. Suivant lui, ce mot hongrois *busno* correspond exacte-ment au *Carajo* des Espagnols, et les premiers Bohémiens qui vinrent de Hongrie en Espagne l'auraient appliqué aux Espagnols comme équivalent de « El del carajo », celui qui a toujours ce mot à la bouche. Cette explication semble acceptable à une seule condition, c'est que le mot *busno* ait en Hongrie le sens exact et très-répandu que M. Borrow lui donne, vérification que je ne puis faire en ce moment [3]; mais j'ajouterai que dans un triple glossaire de mots recueillis

1. En parlant de cette première édition de *The Zincali*, j'ai dit à tort dans mon précé-dent article, note 1 de la p. 26 : « la seule, je crois, qui soit complete. » Il en existe d'autres que la première, qui sont en deux volumes et qui contiennent le Vocabulaire; et comme, même dans telle des éditions en un volume qui ne contiennent pas le Vocabulaire, celle de 1846 au moins, il y a des additions, c'est sans doute la dernière édition en deux volumes qui est la plus complète et la meilleure. Je ne puis les avoir toutes pour les comparer.

2. Pour avoir toutes les étymologies proposées, on peut recourir aussi à l'article de M. Pott, t. II, p. 434, au mot *Busné*. — Voir, en outre, t. I, p. 43-44.

3. En corrigeant les épreuves de cet article, dont l'impression a encore subi de longs retards, je puis ajouter que j'ai vu dernièrement à Paris (en mars 1872) des Bohémiens hongrois (des *Calderari*, chaudronniers : voyez sur eux les *Bulletins de la Société d'an-thropologie* du 5 octobre 1871 et le journal *la Cloche* du 16 mai 1872), qui m'ont déclaré

en Egypte parmi les Bohémiens de trois tribus très-différentes, « *husno* » est donné comme synonyme de « Gentil, celui qui n'est pas Bohémien » dans le dialecte de la tribu des Helebi [1]. Ne serait-ce pas là une première explication plus sérieuse du *Busno* des Gitanos ? elle me semble curieuse et doublement digne de remarque. Si le mot existe réellement en Hongrie, ce dont je doute, il faudrait voir si ce ne sont pas plutôt les Bohémiens qui l'y ont apporté ? Ce nom, quoique peu usité en somme parmi les Bohémiens d'Europe, prendrait alors sa place légitime dans leur langue, à côté du mot *Gadjo*, qui est d'un usage général parmi eux [2]. Quant au mot *Tororo*, qu'y ajoute M. Borrow (vocabulaire, au mot *Busno*) comme usité parmi les Bohémiens d'Angleterre, en le rapprochant du mot gitano *Chororo*, pauvre, misérable (cf. *keghaneh*, *tchungalo*, etc., dans ma note 1 de la p. précéd. et dans Paspati), s'il existe réellement en Angleterre avec le sens qu'il lui donne, ce qui ne me paraît pas bien certain, il n'est sans doute que d'un usage local et peu habituel, et je crois finalement qu'on peut le négliger. — Je suis assez disposé à en dire autant de trois autres noms, qui, d'après Borrow (dans son Vocab.), sont aussi en usage, avec le même sens, parmi les Bohémiens d'Espagne : *Hambo*, *Paillo* et *Erès* au pl. (Diefenbach rapproche ce dernier nom du boh. *Orio*, *èrio*, mal, mauvais, en pensant au sanscrit *ari*, hostis : Voy. Pott, t. I, p. 44, t. II, p. 62); et d'un quatrième, *Chālo* [3], fourni par Graffunder (voy. Pott, I, p. 44), qui l'a sans doute recueilli parmi les Bohémiens de Friedrichs-lohra (Saxe prussienne). Il sera bon cependant de vérifier si ces noms sont certains et s'ils se retrouvent dans d'autres pays (*Hambo*, *Paillo* et *Chalo* reviennent dans le Vocab. de Pott, t. II, p. 174, 368 et 168). — Enfin les Bohémiens hongrois que je viens de voir à Paris, et auxquels j'ai demandé s'il avaient d'autres mots que *Gadjo* s'employant dans le même sens, m'ont dit qu'ils se servent quelquefois des mots *Danderdo* et *Hamerdo* (dont je ne trouve pas l'explication), mais seulement lorsqu'ils parlent devant des étrangers qui connaissent le mot *gadjo*, et dont ils ne veulent pas être entendus, en sorte que ce seraient là en quelque façon pour eux des mots d'argot. Un Bohémien français, originaire d'Alsace, qui m'a accompagné auprès d'eux, m'apprend que ceux de sa tribu

---

que le mot *Busno* ou *Bouschno* leur était inconnu, tandis que *Gadjo* est le mot dont ils se servent couramment. Je doute fort que le mot *Busno* soit plus usité parmi les Hongrois que parmi les Tsiganes de Hongrie. Dès lors l'explication de M. Borrow paraît manquer tout-à-fait de base.

1. Newbold, *The Gypsies of Egypt*, dans le *Journal of the R. Asiatic Society of Great Britain and Ireland*. Vol. XVI, Part. 2 1856, p. 298. Voy. aussi p. 290 et 293. — Dans le dialecte des Ghagar, le mot correspondant est *chájú*, qui rappelle très-bien *gadjo*, et dans celui des Nâwer, *Keghaneh*, qui est étrange. On pourrait peut-être rapprocher ce dernier mot de *Tchungaló*, *djungaló*, *zungaló*, dans Paspati, p. 555.

2. On le retrouve avec son véritable sens, même en Angleterre, sous la forme *Gorgio* ou *gorjer* (voy. Bath C. Smart, *The dialect of the Gypsies*. A. Asher et co. Berlin, 1863), qui doit se prononcer et qu'il vaudrait mieux écrire *gordjio* ou *gordjer* ; et en Russie (Bœhtlingk) sous la forme *gadcho*. Mais je ne le retrouve pas en Norvège : M. Sundt ne donne ici que « *Gavo*, homme » qui paraît comme une altération combinée des deux mots essentiellement bohémiens, *Gadjo* et *tchavo*, garçon, fils ; ce dernier se retrouve cependant ici sous la forme *djavo* ; et *gavo* pourrait peut-être venir de *gav*, village.

3. Ce mot ne dériverait-il pas du même principe que la finale de Romni*tchel* ou Romnichal (ayant un sens collectif peut-être dérivé de *chel*, cent)?

emploient aussi ces deux mots de la même manière (le second prononcé *Kha-merdo*); et il en ajoute encore un de plus : *Houiolo* (la première articulation intraduisible en français).

Les noms par lesquels les Tchinghianés désignent divers peuples (p. 23-28) ne sont pas non plus sans intérêt. Je me contenterai de remarquer celui de *Khorakhái*, qu'ils donnent aux Turcs, ou plutôt à ceux qui professent la religion musulmane, et que les Tchinghianés musulmans se donnent eux-mêmes pour se distinguer de leurs co-nationaux de la religion chrétienne, et aussi, autant que je puis comprendre un passage un peu obscur (p. 23-24), pour protester contre la qualité de rayas qui était naguère attribuée à tous les Tchinghianés sans distinction, et qui les soumettait au paiement du haratch, en les exemptant du service militaire. Ce qui appelle ici mon attention, c'est que M. Paspati (p. 320) rapproche ce nom, qui se retrouve parmi les Gitanos, sous la forme *Corajai*, avec le sens de *Maure*, du nom de *Karatchi*, donné, concurremment avec celui de *Luli*, aux Bohémiens de Perse. Il serait intéressant de connaître la valeur exacte de ces rapports de noms et leur vraie signification.

M. Paspati donne (p. 630-631) des listes de noms personnels recueillis parmi les Tchinghianés. De pareilles listes n'auraient tout leur intérêt, que si elles étaient accompagnées d'explications plus détaillées. Il y a là certains noms dont on voudrait savoir s'ils sont en usage chez les Turcs, chez les Grecs, etc. — N'y en a-t-il pas qui, sans être des surnoms explicables par la langue bohémienne, paraissent propres aux Bohémiens ? Le meilleur moyen de répondre à ces questions, serait, ce semble, de faire des relevés alphabétiques de tous les noms, sous ces diverses rubriques : *noms turcs, noms grecs, noms bulgares*, etc., et, s'il y a lieu, *noms d'origine inconnue*. Parmi nos Bohémiens des provinces rhénanes, on retrouve encore les restes d'un ancien usage qui se perd, et qui a dû exister chez les Bohémiens d'autres contrées [1]: indépendamment du nom de famille, ordinairement allemand, et du prénom chrétien, que ces Bohémiens portaient parmi les Gadjé, chacun avait un nom personnel qui n'était en usage que parmi eux. Ces noms évidemment exotiques (par exemple *Manzili*, nom masculin, *Motza*, nom féminin), d'où venaient-ils ? J'en aperçois dans la liste de M. Paspati qui ne sont pas sans analogie avec plusieurs de ceux qui me sont connus ; je voudrais savoir ce qu'ils sont.

L'intérêt d'un livre comme celui de M. Paspati et très-complexe. Outre les résultats lexicologiques et grammaticaux, qu'il vise principalement, il touche directement ou indirectement, implicitement ou explicitement, aux questions historiques et ethnographiques, si intéressantes, que soulève la matière qu'il traite. Malheureusement l'auteur part de ce préjugé, commun à la plupart de ceux qui se sont occupés de la langue des Bohémiens, que « l'histoire entière de cette race est dans son idiome » (*Memoir*, p. 7 ; *Les Tchinghianés*, p. 1, 2, 9).

---

1. Je viens de m'assurer, auprès des Bohémiens hongrois vus à Paris, qu'il reste en effet chez eux des traces de cet usage. On en retrouve aussi des vestiges en Angleterre, comme l'attestent quelques-uns des noms propres que m'a envoyés un jeune gentleman qui connaît très-bien les Gypsies.

Acceptant sans examen les idées reçues, il pense (p. 9), que les documents historiques ne peuvent rien nous apprendre sur cette race, qu'il déclare incidemment (p. 25), on ne sait sur quelle autorité, être arrivée en Thrace au xiv⁰ siècle. Sur ce point, je me contenterai de dire que l'ouvrage de M. Paspati contient bon nombre d'utiles remarques, qui me confirment dans des idées toutes différentes.

Ce n'est pas non plus une condition très-favorable à des découvertes et à des observations nouvelles sur tout ce qui constitue le caractère propre et la vie intime des Bohémiens, que de partir de cette idée, que Grellmann et M. Pott ont recueilli à peu près tout ce qu'on peut savoir de leur histoire et de leurs mœurs (p. 8-9). M. Paspati ajoute plus loin (p. 28) : « Les habitudes et la vie ordinaire des Tchinghianés ont été si souvent décrites, que je crois superflu d'en parler. » Heureusement l'auteur n'a pas tenu rigoureusement cette fâcheuse promesse. On trouve dans son livre quelques détails épars qui sont précieux ; outre ceux que j'ai déjà pu relever dans le cours de cet article, j'indiquerai notamment la *Kakkavà* ou fête des chaudrons (p. 27-28), et, dans le vocabulaire, l'article *Katúna*, tente. Mais sur les diverses industries des Tchinghianés, à peine quelques mots, qu'il faut saisir au passage (dans cet article *Katúna*, et dans les p. IX, 1, 2, 12, 32); sur les chefs ¹ et sur l'organisation des tribus, rien; pas un mot, non plus, des cérémonies du mariage, de l'enterrement (l'auteur dit cependant p. 28 que les nomades enterrent souvent leurs morts pendant la nuit : il ne serait pas indifférent de savoir de quelle manière). Pas l'ombre d'une tradition ancienne ou moderne ; à peine par hasard un trait de mœurs. — Je remarque surtout certaines affirmations négatives qui me paraissent trop absolues : « Mes relations familières et soutenues avec les Tchinghianés, musulmans » et chrétiens, et surtout avec les Zaparis, m'ont convaincu, dit M. Paspati, » qu'il n'y a aucun vestige de religion ou de foi importée de leur propre pays. » Tout a été oublié... » (p. 27). Il ajoute, ici et plus loin (p. 35), que, même dans leurs chansons et leurs contes, qui datent souvent de plusieurs générations, « il n'a rencontré jusqu'ici aucun indice, ni de leur origine indienne, ni d'une » foi antique. » Il y a ici probablement un malentendu fâcheux, et qui vient de ce que l'auteur apporte dans de pareilles recherches des idées préconçues et trop exigeantes. Il n'a rencontré, dit-il, aucun indice, ou plutôt aucun souvenir, de leur origine indienne (car les indices ne manquent pas) : c'est très-possible ; mais leur origine indienne ou quasi-indienne n'est pas toute leur histoire, et il faudrait nous dire s'ils n'ont aucune tradition égyptienne, aucun souvenir confus de pérégrinations, de rapports avec d'autres peuples et d'autres pays, s'ils ne racontent pas à leur manière certains épisodes historiques ou religieux. — Je crois bien aussi que, pas plus chez les Tchinghianés que chez les Bohémiens d'Occident, — et peut-être moins chez ceux-là que chez ceux-ci, précisément à cause des luttes entre le christianisme et l'islamisme auxquelles

---

1. « Sans chef, autre que celui désigné autrefois par le gouvernement pour régler leur taxe annuelle » (p. 1) : voilà qui est trop laconique.

ils se sont trouvés mêlés, — on ne trouvera rien qui puisse s'appeler dans le sens ordinaire du mot une religion particulière. Mais qu'il n'y ait chez eux aucun reste de mythes plus ou moins anciens, aucune superstition digne de remarque, aucun usage ayant eu et même ayant peut-être encore un sens religieux ; qu'ils n'aient pas au moins des manières particulières d'accommoder le christianisme ou l'islamisme à leurs habitudes et à leur génie, voilà ce qui me paraît invraisemblable ; et rien de tout cela n'est indifférent. La *fête des Chaudrons*, c'est-à-dire le seul usage particulier que M. Paspati ait mentionné, vient à l'appui de ma réclamation ; elle a eu très-probablement, si elle ne l'a encore, un sens religieux. Dans tous les cas, les légendes musulmanes et surtout chrétiennes qui peuvent avoir cours parmi les Tchinghianés sont à noter, et aussi les affinités de telle ou telle tribu avec telle ou telle secte chrétienne ou musulmane. M. Paspati, qui a un système à lui sur l'origine du nom de *Rom* (p. 19-21), n'a pas trouvé de vestiges de la religion de Rama, et dès lors le reste lui aura paru insignifiant [1] : en cela, il a eu tort. Lui-même, après avoir dit que les Tchinghianés ne professent d'autre religion que la chrétienne ou la musulmane, ajoute : « Il me paraît probable que les Tchinghianés, en venant en Thrace,
» avec leur foi antique, si toutefois ils en avaient une, se sont tous convertis à
» la foi chrétienne, qui était alors seule dans ces provinces. Après la conquête
» de l'Empire, plusieurs ont suivi l'exemple d'un grand nombre de chrétiens,
» qui par des motifs divers ont embrassé l'islamisme. *L'étude de leurs termes*
» *tchinghiano-chrétiens démontre que les Tchinghianés musulmans ont été familiers*
» *avec la religion chrétienne.* Parmi les nomades de la religion musulmane, on
» trouve quelques signes de ferveur, principalement lorsqu'ils parlent de leurs
» co-nationaux, les faux Tchinghianés... » (p. 26). Nous avons vu précédemment que beaucoup de Bohémiens musulmans perdaient leur langue, parce qu'ils la considéraient comme participant de l'hérésie chrétienne. Certes, on ne peut pas dire que ces gens-là soient étrangers à toute religion. Il est impossible aussi que de tout cela il ne soit pas resté des traces, et des traces intéressantes, ailleurs que dans la langue. J'ose prier M. Paspati de ne pas mépriser même les légendes bizarres qui se rapporteraient aux premiers temps du christianisme

En résumé, ce grand sujet, l'ethnographie des Bohémiens de l'empire ottoman, ou seulement d'une portion de cet empire, reste intact. En insistant, comme je l'ai fait sur ce point, je n'ai eu nullement l'intention de déprécier l'œuvre de M. Paspati, qui, malgré certains défauts, me paraît admirable. Le fond de ma pensée, c'est que le savant docteur, pourvu, comme il l'est, de moyens d'investigation que personne ne possède au même degré que lui, et cela dans un pays où le sujet présente un intérêt extrême, nous doit un autre livre sur les Tchinghianés, un livre d'ethnographie embrassant tous les détails que l'ethnographie comporte, depuis les mensurations crâniennes et autres [2], jusqu'à des traditions

---

1. « Pourquoi demander au pauvre et ignorant Tchinghiané des expressions sur des choses dont il ignore l'existence ? Qu'est-ce qu'il sait sur la mère de Dieu, sur le Saint-Esprit, sur les anges du ciel, sur le diable et l'enfer ? » (p. 15). Voilà un singulier point de départ pour se renseigner.

2. Je n'ai sans doute pas à indiquer à un médecin cet excellent guide publié par la

historiques et religieuses, jusqu'à des chants et des légendes, sans oublier l'organisation des tribus, leurs coutumes et, pour ainsi dire, leurs lois, les titres et les pouvoirs des chefs, les industries et les habitudes extérieures, les mœurs intimes et les usages, plus ou moins secrets, de la race et de ses diverses branches.

Il est surtout un point, pour ainsi dire central, sur lequel je demande la permission d'appeler encore l'attention de M. Paspati ou de toute autre personne qui entreprendrait une étude sérieuse des Bohémiens dans les régions orientales : je veux parler de la nomenclature, aussi complète que possible, des diverses classes ou tribus, et de leur classification fondée sur une étude approfondie de tous leurs caractères distinctifs. J'en aurais long à dire sur ce sujet. Mais la place — dont j'ai peut-être déjà abusé — me fait défaut. Un mot seulement : Il existait en Valachie, il y a trente ou quarante ans, une classe de Bohémiens tout à fait distincte, très-sauvage, et curieuse entre toutes, celle des *Netots*. On la disait venue en Valachie du temps de Joseph II, qui l'aurait chassée de la Transylvanie. Réduite en esclavage vers 1832, puis comprise, vers 1856, dans l'affranchissement définitif de tous les esclaves des particuliers, elle s'est fondue avec les autres Bohémiens. Peut-être cependant retrouverait-on encore quelques vrais Netots, soit en Valachie, soit en Bulgarie, où plusieurs familles s'étaient réfugiées pour échapper à l'esclavage. Une bonne monographie de cette tribu singulière serait très-précieuse : elle est déjà devenue assez difficile ; dans peu, elle sera impossible.

Le principal but des observations qui précèdent est, je le répète, d'inspirer à M. Paspati la pensée d'un nouveau livre, en commençant par lui communiquer la persuasion où je suis, qu'il y a, parmi les Tchinghianés, plus à trouver qu'il ne croit, c'est-à-dire beaucoup à chercher. Je me permettrai de lui dire en même temps, qu'une pareille étude exige plus de méthode que la récolte de matériaux linguistiques, et que les résultats à en tirer demandent à être exposés avec plus d'ordre qu'il n'en a mis dans sa notice préliminaire (1re partie). Il y a dans celle-ci, il faut bien le dire, beaucoup trop de décousu : le lecteur, du reste, a pu le soupçonner dans les endroits de cet article où, pour tirer au clair certaines informations, j'étais obligé de prendre des mots et des phrases de ci et de là.

M. Paspati n'a pas un souci suffisant de la forme ; il ignore trop souvent les mérites de l'ordre et de la clarté. Son français est souvent incorrect ; et je n'aurais pas le courage d'en faire un reproche à un étranger qui veut bien écrire dans notre langue, si l'inexactitude de la forme n'allait quelquefois jusqu'à compromettre la netteté de la pensée, et s'il n'était d'ailleurs toujours facile à un étranger d'éviter ces petites taches, en faisant lire son manuscrit ou ses épreuves par un Français connaissant sa langue. Mais ce qui est plus grave, et ce qui ne peut guère être réformé que par l'auteur lui-même, s'il veut s'en

---

Société d'Anthropologie de Paris : *Instructions générales pour les recherches anthropologiques* (par le Dr Paul Broca). Paris, Victor Masson, 1865.

donner la peine, c'est le défaut d'ordre dans l'exposition. Ce défaut, je viens de le dire, est très-marqué dans la première partie du livre. Il m'a semblé que, dans la seconde, c'est-à-dire dans la grammaire, où nécessairement les matières sont mieux groupées, on aurait pu donner plus de clarté à certaines explications neuves et ardues, et se mieux faire comprendre du lecteur profane. La clarté fait même défaut en quelques endroits faciles, et la première page de la grammaire sur *l'article* (j'en ai déjà parlé) en est un singulier exemple. — Il y a dans le vocabulaire un autre défaut, pour ainsi dire matériel, mais qui n'en est pas moins insupportable, c'est l'abus déréglé des abréviations. Sans doute, les abréviations sont nécessaires dans un vocabulaire ; mais d'abord elles doivent se limiter à un certain nombre de mots et ne pas porter au hasard sur des termes quelconques ; et encore est-il bon de donner le tableau alphabétique de ces abrévia-tions, dès qu'elles se multiplient. Quant aux indications d'auteurs, qu'on est bien forcé d'abréger aussi, il faut qu'elles répondent à une table également alphabétique et très-complète. L'auteur nous donne, p. xi, une liste de six ouvrages avec les abréviations correspondantes, et l'indication de neuf autres abréviations. On dirait une plaisanterie. C'est un double tableau de plusieurs pages qu'il aurait fallu, en commençant même par faire disparaître du livre bon nombre d'abré-viations inacceptables. — Avec cela, toutes les citations, toutes les explications empruntées, sont reproduites dans la langue originale, anglais, allemand, espa-gnol, etc., mêlées de mots sanscrits, grecs, turcs, etc. ; et ce qui ajoute encore à la confusion, c'est que la disposition typographique ne permet pas de distinguer facilement les citations, qui semblent souvent s'enchevêtrer les unes dans les autres. — Je déclare que pour mon compte, il m'est quelquefois impossible de deviner le sens des abréviations, et fort difficile de me reconnaître dans le dédale de certains articles. Les abréviations qui portent au hasard sur des mots français embarrasseront nécessairement encore plus les étrangers ; et celles qui se rapportent à des ouvrages bohémiens, les personnes qui ne sont pas familia-risées avec la bibliographie du sujet.

Ces défauts, en quelque sorte matériels, qu'il eût été si facile d'éviter, me semblent d'autant plus regrettables, que je voudrais voir ce livre, capital pour l'étude de la langue bohémienne, dans beaucoup de mains, même non savantes. Plus clair, plus lisible pour tout homme doué d'une certaine intelligence et d'une instruction courante, et aussi moins coûteux, si la chose avait été possible, il serait le guide par excellence de quiconque vit dans un milieu où les Bohémiens abondent, et veut prendre part à des recherches, presque toujours impossibles à des savants de profession. Je crains qu'il ne soit guère accessible qu'à ceux-ci.

Je ne veux pas terminer sur ces critiques, dont il ne faudrait pas d'ailleurs s'exagérer la portée ; et je m'attacherai, avant de finir, à formuler les résultats les plus généraux du livre. Voici un passage qui contient les principales conclu-sions de l'auteur, et qui demande à être reproduit, pour être complété et rectifié en plusieurs points : « La langue des Tchinghianés de la Roumélie est la langue-» mère de tous les Tchinghianés éparpillés en Europe et en Amérique. L'étude » du nombre (c'est-à-dire des noms de nombre) et des mots empruntés à la

» langue grecque moderne [1], et qui se trouvent plus ou moins altérés dans les
» ouvrages publiés, le démontrent à toute évidence. Même les Tchinghianés
» russes sont de la même souche. Plusieurs points obscurs de la langue des
» Tchinghianés d'Europe peuvent être éclaircis par l'étude de la langue des
» Tchinghianés de la Turquie » (p. 15-16).

La dernière phrase de ce passage (répétée presque textuellement p. vii),
contient une proposition incontestable. Toutes les autres appellent des explications, qui, à la vérité, seraient bien plus claires, si je pouvais partir de cette
idée, devenue certaine pour moi, que les Bohémiens existaient dans l'Asie
occidentale et dans toute la partie de l'Europe orientale qui comprend la
Turquie d'Europe actuelle avec les grandes îles de la Méditerranée orientale,
la Moldo-Valachie, la Hongrie, etc., à des époques fort anciennes, et qu'on
ignore encore à quelles époques ils se sont répandus dans toutes les autres
parties de l'Europe orientale, qui s'étendent au-delà d'une ligne, difficile à tracer
exactement, mais qui ne s'éloigne pas beaucoup de la vérité, si on la fait partir
de l'Adriatique dans les environs de Venise pour la faire aboutir à la Baltique
vers le Mecklembourg. On peut ajouter la Sicile et certaines parties de l'Afrique,
où les Bohémiens ont bien pu se répandre aussi plus tôt qu'on ne croit. — De
ces deux points, — la grande ancienneté des Bohémiens dans le sud-est de
l'Europe, et la nécessité de distinguer profondément la question de l'apparition
des Bohémiens dans toute l'Europe orientale de celle de leur apparition en
Occident, — le premier reste à prouver (ce que je me réserve de faire ailleurs),
mes anciennes *Recherches* (indiquées plus loin) n'établissant d'une manière certaine la présence des Bohémiens dans diverses contrées de l'Europe orientale que
vers le commencement et le milieu du xive siècle, et mes prévisions d'alors sur
l'époque de l'arrivée des Bohémiens dans cette région ne remontant guère au
delà du xiiie siècle (Voir le Mémoire de 1849, notamment le résumé, p. 34-35
du tirage à part). Mais le second point du moins y est clairement établi (*ibid.*,
p. 6 et *passim*), et il me sera permis d'y insister.

Le nom de « langue-mère » que M. P. donne à l'idiome des Bohémiens
rouméliotes, a ici un sens particulier, et cependant mal défini, qui a besoin d'être
précisé. Ce que M. Paspati a voulu dire, c'est qu'on retrouve aujourd'hui dans
la langue de tous les Bohémiens d'Europe des éléments empruntés aux langues
de la Roumélie et particulièrement au grec : ce qui prouve deux choses, à
savoir : que tous les Bohémiens d'Europe ont passé par cette région, et que la
masse, de laquelle se sont détachés les émigrants qui se sont répandus dans le
reste de l'Europe au xve siècle, y avait fait une assez longue station avant cette
émigration. De ces deux inductions, M. P. ne tire que la première (voy. quelques
mots p. 36-37), qui, sans être précisément nouvelle [2], a déjà une grande impor-

---

1. Est-il bien sûr que le grec ancien n'y soit pour rien? Sur ce point important on
pourrait relever *passum* plusieurs remarques de M. Paspati lui-même.

2. Marsden, par exemple (dans le recueil anglais intitulé *Archæologia*, t. VII, London, 1785, in-4°, p. 385), remarque déjà que les noms de nombre 7, 8 et 9 sont « pu-
rement grecs, quoique 5 et 10 soient incontestablement indiens. » Plus loin, p. 394,

tance pour l'histoire de la race bohémienne. Il n'examine pas même la seconde question, qui a bien plus d'importance encore, et qui se trouve résolue, on ne sait sur quel témoignage, par l'affirmation accidentelle de l'arrivée des Bohémiens en Thrace au xiv⁰ siècle (p. 25). Mais les deux inductions sont-elles séparables ? Et l'espace d'un siècle paraît-il suffisant pour contenir une énorme immigration qui prend son assiette en Roumélie, puis une émigration encore très-considérable, mais pourtant partielle, qui se produit *plus tard* de Roumélie en Occident, ou plutôt, pour rester fidèle à la pensée de M. Paspati, dans tout le reste de l'Europe ? Et les circonstances historiques d'alors sont-elles favorables à l'idée d'une station générale, plus ou moins longue, faite ainsi en Roumélie par une population nomade qui serait arrivée à cette époque de l'Asie, et de l'établissement définitif dans la même contrée d'une partie très-notable encore de cette population, qui naguère pourtant aurait été entraînée d'Asie en Europe par un grand mouvement d'émigration ? N'est-il pas étrange, dans tous les cas, que l'histoire ne nous apprenne rien de l'arrivée en nombre si considérable d'une nouvelle population inconnue dans ces contrées ? Je pose seulement ces questions ; mais je dois remarquer que, d'après les indications linguistiques fournies par M. Paspati lui-même, le séjour des Bohémiens dans la Roumélie (et en deçà) avant l'émigration dans le reste de l'Europe, a dû avoir une durée assez longue. En effet, non-seulement on trouve dans la langue des Bohémiens d'Europe un assez grand nombre de mots grecs, bulgares, slaves, roumains (voy. p. 15-16, 24-25, 35-37, 41-42, 43, 46, 66, 78, et *passim* dans le Vocab.); mais plusieurs de ces éléments d'emprunt paraissent avoir subi, avant la dispersion de la race en Europe, des modifications profondes (voy. *ibid.*); il en est que la langue bohémienne s'est complètement assimilés. M. P. affirme même (p. 39), — mais c'est un point sur lequel il sera bon de consulter encore l'opinion des autres savants, — que c'est au grec que les Bohémiens d'Europe ont emprunté l'article, que les Bohémiens d'Asie ne connaissent pas. Si cette affirmation se vérifie, il y aura là une nouvelle preuve remarquable d'assimilation ancienne et profonde ; car l'article bohémien et l'article grec diffèrent extrêmement. Les noms de nombre *eftá* sept, *ohtó* huit, *enia* neuf, qui paraissent bien tirés du grec (p. 36-37) [1], sont également très-significatifs. Le fait que tous les vêtements des Tchinghianés ont des noms grecs (p. 209) est encore plus remarquable. Il m'a semblé aussi que beaucoup de noms d'instruments et d'objets proprement bohémiens étaient grecs, bulgares, slaves [2]. Le nom de *Das* donné aux Bulgares

---

Marsden, sur une liste de 22 mots bohémiens, en rapproche sept du grec. — Parmi les auteurs plus récents, je citerai M. Sundt (*Beretning om Fante-eller Landstrygfolket i Norge,* Christiania, 1850, p. 369), qui, à l'extrême nord de l'Europe, a remarqué aussi dans la langue des Bohémiens de Norvège, les emprunts faits au grec moderne, au valaque, au slave, etc. — Voy. toutefois, p. 371, 378, 384, trois séries de noms de nombre, dont une finnoise. Les Bohémiens de Norvège ont aussi des traditions d'Asie, qui sont à considérer.

1. Voyez toutefois ci-après, ma note 2 de la p. 52.

2. Il faudrait peut-être se demander si quelques-uns de ces noms n'auraient pas plutôt passé des Bohémiens aux peuples parmi lesquels ils vivaient. Voy. mon article précédent, note de la p. 7.

et aux Valaques par les Bohémiens, et qui me paraît expliqué d'une manière beaucoup plus simple et plus plausible par M. P. que par M. Ascoli (Paspati, p. 24-25) peut avoir aussi son intérêt. Enfin il ne paraît pas indifférent de noter que « les mots turcs subissent moins de variation que les mots grecs et sont conséquemment plus reconnaissables » (p. 37). — Je ne veux pas tirer ici la conclusion de ces remarques, auxquelles j'aurais trop à ajouter; mais je les trouve précieuses, — d'autant plus que celui qui me les fournit ne peut être suspect de parti pris, puisqu'il est resté pénétré des idées de Grellmann sur l'apparition récente des Bohémiens en Europe. Je suis convaincu toutefois qu'on posséderait un ensemble d'indications bien autrement complètes, précises et concluantes, si M. P. ou quelque autre philologue compétent se mettait à étudier la langue des Tchinghianés, avec l'intention de relever tous les indices qu'elle peut contenir de l'ancienneté des Bohémiens dans cette partie de l'Europe. Naturellement M. P. n'a « recueilli qu'une faible partie des mots étrangers en usage parmi eux » (p. 35) : ce serait une étude spéciale à faire, et que personne ne pourrait faire mieux que lui sur les sources vivantes. Je me figure tout particulièrement qu'un helléniste, familier comme lui avec le grec moderne, saurait bien, s'il voulait aborder sérieusement la question, découvrir dans la langue des Tchinghianés plus d'une trace distincte et positive du grec ancien.

Quoi qu'il en soit, la thèse si incomplète de M. Paspati demande encore à être rectifiée ou éclaircie en plusieurs points.

1° Il est bien clair que les Bohémiens, s'ils sont arrivés en Europe par le Bosphore, comme je n'en doute pas pour le plus grand nombre, ont habité la Thrace (à laquelle j'ajoute les grandes îles de la Méditerranée orientale) avant tous autres pays européens; et le grec étant, avec le latin, la langue ancienne qui nous est le mieux connue, surtout pour ces régions, il est bien clair aussi que c'est principalement sur les éléments grecs qu'il sera facile de faire des observations, comme celles que je sollicite. Mais j'ai de bonnes raisons pour croire que les Bohémiens ne restèrent pas longtemps confinés dans la Thrace, et qu'ils occupèrent de bonne heure les pays qui répondent à l'ancienne Dacie et peut-être d'autres encore plus avancés vers le Nord et vers l'Occident. Ce qui est certain, ce qui a été établi sur des documents positifs, il y a plus de vingt ans, c'est que les Bohémiens existaient en Valachie, au milieu du xive siècle, à *l'état d'esclaves* [1], circonstance qui ne semble pas indiquer une arrivée toute récente. Ce qui est reconnu depuis plus longtemps encore, puisque Grellmann l'avait déjà positivement constaté, c'est que l'émigration, qui eut lieu au xve siècle, partit de la Hongrie [2] et des contrées voisines, aussi bien que de la Roumélie. Dans la donnée même de M. Paspati, comme dans la mienne, le nom de langue-mère,

---

1. Voy. mes *Nouvelles Recherches sur l'apparition des Bohémiens en Europe*, dans la *Biblioth. de l'École des chartes*, an. 1849, p. 29-30; tirage à part, p. 20-21. — M. Paspati fait mention de ce passage de mon travail dans *Memoir on the Language of the Gypsies...*, p. 6.

2. Voy. mon premier Mémoire *De l'apparition des Bohémiens en Europe*, an. 1844, *passim*. — Je ne doute nullement que les Bohémiens de Roumélie n'aient pris part à cette émigration ; mais on ne le sait guère que par induction.

dans le sens particulier où il l'emploie, doit donc appartenir à la langue des Bohémiens de Hongrie, de Transylvanie, de Roumanie, etc., au même titre qu'à celle des Bohémiens rouméliotes.

2° Ce nom de langue-mère, même ainsi entendu, entraîne l'idée d'une langue plus primitive, plus pure, plus riche ou du moins plus complète dans ses éléments primordiaux. Or cette supériorité ne me paraît nullement acquise à la langue des rouméliotes sur celle des Bohémiens de Transylvanie, de Roumanie, de Lithuanie, et même des groupes de Bohémiens disséminés en Allemagne et peut-être encore ailleurs. C'est là tout au moins une question qu'il ne faudrait pas considérer comme résolue par quelques mots de M. Paspati. Il me paraît bien que son Vocabulaire et sa grammaire reposent sur des éléments plus purs et mieux recueillis de la bouche des Bohémiens, que presque tout ce que nous connaissons ; mais cela tient, avant tout, à ce qu'il est, pour ainsi dire, le seul philologue qui se soit livré sur les sources vivantes au long travail que nous savons.

3° Dans tous les cas, il ne suffit pas de distinguer l'apparition des Bohémiens en Thrace et en Dacie, et leur apparition en Occident, qui appartiennent certainement à des époques plus ou moins différentes ; il faut se garder aussi d'étendre *à priori* à tous autres pays contenus dans l'immense région orientale que limite à peu près la ligne tracée de Venise au Mecklembourg, et plus particulièrement aux contrées qui s'étendent à proximité de cette ligne, dans la partie centrale de l'Europe jusqu'à la Baltique, la date de l'apparition des Bohémiens en Occident. La première arrivée des Bohémiens dans beaucoup de pays situés à l'est de cette ligne, peut être un fait connexe avec leur apparition en Occident et même subséquent et postérieur. Mais nous n'en savons rien ; et l'existence d'éléments grecs, bulgares, etc. dans la langue des Bohémiens de telle ou telle de ces contrées, ne prouverait absolument rien à cet égard : car si, comme j'en suis convaincu, les Bohémiens existaient depuis longtemps dans le sud-est de l'Europe avant le xve siècle, il a pu s'en détacher vers le Nord et même vers l'Est, bien avant l'émigration en Occident.

4° De même qu'il a pu venir des Bohémiens de l'ancienne Thrace et de l'ancienne Dacie dans le Nord et le Nord-Est, bien avant le xve siècle, il a pu, à des époques quelconques, antérieures ou postérieures, en venir d'Asie directement, non-seulement dans les contrées limitrophes, comme le Caucase et aussi la Crimée [1], comme l'Astracan, la Sibérie [2], mais de proche en proche, à travers la Russie actuelle, jusqu'assez avant dans le centre nord de l'Europe. Et l'existence d'éléments grecs, bulgares, etc., dans la langue

---

1. Ce ne sont pas seulement des doutes, mais déjà des affirmations ou de fortes présomptions que je pourrais produire ici pour des époques anciennes.

2. Je rattache ici la Sibérie à l'Europe, par la double raison qu'elle est une dépendance immédiate de la Russie, et que l'existence des Bohémiens y est certaine, tandis que l'on ne sait guère s'ils existent dans les parties centrales de l'Asie, à l'est de la mer Caspienne. — Je suis d'ailleurs bien loin de préjuger l'arrivée directe des Bohémiens d'Asie en Sibérie et même dans l'Astracan, contrées dont l'accès n'a jamais été facile par l'Asie ; mais je demande qu'on ne préjuge pas le contraire sans ombre de preuves.

des Bohémiens de ces régions n'aurait rien de concluant à l'encontre de cette éventualité, si l'on n'y constatait en même temps, soit l'absence d'éléments spécifiques demeurés propres aux Bohémiens d'Asie, soit plutôt (car la première constatation est bien délicate en elle-même, bien difficile à faire dans l'état de nos connaissances sur la langue des Bohémiens asiatiques, et peut-être en somme, pour diverses causes, moins probante), soit plutôt, dis-je, l'absence d'éléments linguistiques empruntés à l'extrême Orient européen et aux régions de l'Asie limitrophes, ainsi que de traditions de même origine. Car il a pu y avoir des mélanges de courants d'émigration différents, ou des communications suivies entre des groupes de provenances diverses : il suffirait même que quelques-unes de ces bandes voyageuses qui partent souvent de la région du Danube et des Karpathes fussent venues se fondre dans des tribus arrivées d'Asie par une autre voie que le Bosphore de Thrace, pour que l'on retrouvât dans la langue de celles-ci des éléments grecs, bulgares, roumains, etc., qui n'auraient ainsi qu'une valeur secondaire.

En résumé, l'idée que la langue de tous les Bohémiens d'Europe dérive particulièrement de celle qui a été parlée par cette race, pendant un temps plus ou moins long, non pas seulement en Roumélie, mais dans les contrées comprises entre l'Adriatique et la mer Noire, avant que la race bohémienne se répandît en Occident, et que, conséquemment, les Bohémiens sont venus en Europe par le Bosphore, et s'y sont répandus après une station plus ou moins longue dans les contrées sus-indiquées, — est une idée générale, qu'on peut regarder comme suffisamment établie pour l'Occident, mais qui reste encore à vérifier pour la moitié de l'Europe; et je demande que, pour toute cette région orientale et septentrionale, on ne la considère, jusqu'à plus ample informé, que comme une hypothèse utile, qui appelle l'examen, — un examen complexe et difficile, comme on vient de le voir, et dont le résultat pourrait très-bien d'ailleurs ne rien préjuger sur une autre question plus importante encore, celle de la date plus ou moins ancienne, plus ou moins récente, de l'arrivée des Bohémiens dans le pays, et, à plus forte raison, sur la question de l'antériorité de tel élément par rapport à l'autre, si l'on rencontrait des indices du mélange de deux courants d'émigration différents. — Je crois bien, à la vérité, que l'hypothèse, là où l'on pourra la vérifier, se trouvera juste dans la plupart des cas; mais les exceptions auraient leur importance pour l'histoire de la race bohémienne; et ces exceptions, qui peuvent être plus considérables qu'on ne croit, on ne les trouvera pas, si l'on tient *a priori* l'hypothèse pour certaine. — Je vois bien aussi que M. Paspati, qui connaît le travail de M. Bœhtlingk, a dû y faire la vérification dont il s'agit ; ce mot de lui, « même les Tchinghianés russes sont de la même souche, » en est la preuve. Mais quelques constatations faites sur les listes de mots recueillis à Moscou, et même, si on veut les ajouter, sur les mots recueillis à Bielogrod par Sujew, ne me paraissent pas suffisantes, pour qu'on affirme les affinités particulières de la langue des Bohémiens de toute la Russie avec celle des Bohémiens de la région des Balkans et du Danube. M. Paspati ne nous dit pas jusqu'où il a poussé ses remarques sur des éléments si restreints, et cela est regrettable [1]. Ce qui est certain, c'est qu'il ne faudrait pas que les rapprochements portassent sur quelques mots seulement et surtout sur des mots douteux [2]. Il ne faudrait pas davantage que le résultat de constatations faites sur un ou deux points, et surtout dans de grandes villes comme Moscou, qui ont pu attirer de petites colonies de Bohémiens exotiques, ou dans des localités peu éloignées du Dniester comme Bielogrod, fût étendu à une région immense comme l'empire russe. Ce qui n'importerait pas moins, et ce qui est plus difficile, ce serait de faire la contre-épreuve, portant sur la recherche de tous les indices de migration par une autre voie que le Bosphore de Thrace.

Maintenant, si de l'Europe nous passons à l'Asie, nous y trouvons une autre constatation importante à faire : c'est que le langage des Bohémiens asiatiques diffère profondément de celui des Bohémiens d'Europe. Il y a entre ces deux idiomes assez de similitudes pour qu'on puisse affirmer à première vue leur étroite affinité et leur identité primitive. Mais les différences que présente la langue des Bohémiens d'Asie sont telles, que cette langue peut être considérée comme formant actuellement une branche à part (voy. le tableau comparatif, p. 118-125). Ce qui est remarquable, et ce qui nous est révélé par les études de M. Paspati, c'est que la séparation des deux branches est à peu près marquée par le Bosphore. La limite n'est pas rigoureuse, puisque, comme nous l'avons vu [3], la langue de ceux qui parcourent la province de Bithynie et la côte méridionale de la Propontide, et qui viennent camper auprès de Constantinople, ne diffère pas essentiellement de celle des nomades de Roumélie; mais c'est là un

---

1. Le peu qu'il nous dit sur le travail de M. Bœhtlingk, sa seule source pour la Russie, irait plutôt, ce semble, à l'encontre de ses conclusions ; *il remarque (p. 3) que la grammaire fournie par ce savant* « diffère essentiellement de celle des Tchinghianés turcs ; il est même étonnant, ajoute-t-il, de voir une telle différence dans la grammaire, lorsque le vocabulaire est presque identique en plusieurs points. »

2. Pour ne citer qu'un des mots qui ont une apparence grecque des plus caractérisées, *Efta* lui-même, qui se retrouve bien dans la langue générale des Bohémiens d'Europe, se retrouve aussi, en Syrie sous la forme *heft*, en Perse sous la forme *hefhat*, en Asie Mineure (d'après M. Paspati lui-même) sous la forme *hoft*, qui sont bien voisines, et qui ne viennent certainement pas du grec (mais sans doute du persan, voy. Pott, t. I, p. 215). — Il serait bien désirable qu'un linguiste compétent dressât une liste des mots répandus dans la langue générale des Bohémiens d'Europe, et qui sont *certainement* empruntés aux langues de la région de la Thrace et de la Dacie. Outre l'intérêt intrinsèque d'une pareille liste, elle servirait au premier venu à constater si ces mots se retrouvent chez des Bohémiens de l'Europe orientale dont la langue est encore peu ou point connue. Ce ne serait là, comme je l'ai montré, qu'une partie de la vérification à faire, mais qui aurait déjà sa valeur provisoire. — Il y a longtemps du reste que je souhaite de voir dresser par quelque personne compétente des listes diverses de mots à vérifier ou à recueillir avant tous autres auprès des Bohémiens : — liste d'un certain nombre de mots essentiellement bohémiens et très-usuels, qui servirait d'abord, dans certains cas, à constater l'identité bohémienne (on pourrait l'accompagner de quelques petites phrases bohémiennes pour servir d'introduction auprès de ces gens-là, de quelques questions appelant une réponse par *oui* (owa, va) ou par non (*na, nano*, etc); — listes de mots bohémiens ayant un intérêt particulier, comme celle dont il vient d'être question ; — et surtout listes de mots en français ou en toute autre langue, dont il serait particulièrement intéressant d'avoir la traduction bohémienne, à commencer par les noms ethniques.

3. Voyez plus haut, p. 34.

fait qui paraît s'expliquer suffisamment par les excursions assez fréquentes et souvent assez étendues que ces tribus d'Asie limitrophes font en Europe, et par les excursions plus rares, et probablement bornées à ces provinces limitrophes, que les Bohémiens d'Europe font en Asie. Dans tous les cas, le mélange des deux idiomes ne se remarque pas en Europe et ne s'étend pas loin en Asie.

N'y a-t-il pas là encore un indice remarquable de l'ancienne existence des Bohémiens dans le sud-est de l'Europe, et conséquemment aussi dans l'Asie Mineure ? Si la séparation des deux branches, qui est tracée par le Bosphore, ne remonte pas assez haut, comment s'expliquer que la langue des Bohémiens répandus dans toute l'Europe, et séparés depuis trois ou quatre siècles par des espaces considérables, diffère moins profondément d'un bout de l'Europe à l'autre (partout du moins où nous la connaissons quant à présent), que la même langue parlée des deux côtés du Bosphore ? Je crois bien qu'il y eut aussi des Bohémiens d'Asie qui franchirent le détroit au commencement du xve siècle, et qui prirent part à l'émigration vers l'Occident ; mais apparemment ils furent noyés dans la masse, et leur langue s'imprégna des modifications subies et des éléments recueillis dans le sud-est de l'Europe, tandis que celle des Bohémiens restés dans l'Asie Mineure demeura peut-être, sans grands changements, ce qu'elle était dès lors. Je me figure en effet qu'un plus compétent que moi trouverait que les différences que présente la langue des Bohémiens de l'Asie Mineure comparée à celle des Rouméliotes, ne dépendent pas principalement d'altérations récentes produites par le milieu actuel, comme celles qui se remarquent aux extrémités de l'Occident, en Espagne, au Jutland, etc., mais que cette langue a un caractère propre qui doit être plus ou moins ancien.

En comparant les deux idiomes, on arrivera cependant aussi, je n'en doute guère, à cette conclusion singulière, et pourtant prévue, comme on a pu le voir déjà dans mon précédent article [1], que la langue des Bohémiens d'Europe, malgré les modifications qu'elle a subies dans la Thrace et la Dacie avant le xve siècle, est plus pure et plus régulière que celle des Bohémiens d'Asie : c'est du moins ce qui me paraît de plus en plus clair. L'explication assez probable de ce phénomène, c'est que les Bohémiens se sont trouvés *ab antiquo* dans le sud-est de l'Europe plus agglomérés, plus à part des autres nations, moins influencés par le milieu, exception faite pour ceux qui, en Roumanie, à une époque encore mal connue, ont été soumis à l'esclavage domestique.

Ces remarques faites, une question intéressante se présente. La langue des Bohémiens d'Europe, autant que nous la connaissons jusqu'ici, forme une branche dont l'unité n'est nullement mise en question par les altérations locales qu'elle a subies, qu'elle subit tous les jours, surtout dans divers pays de l'Occident, et qui partout, dans cette région du moins, sont assez récentes pour ne causer aux philologues aucun embarras. En est-il de même de la langue des Bohémiens répandus en Asie, et, il faut ajouter, en Afrique ? De quelle nature

---

1. P. 18 (*Revue Crit.* 1870-1, t. II, p. 208).

sont les différences propres à la langue des Bohémiens éparpillés dans les contrées qui s'étendent au-delà du Bosphore ? Présentent-elles une certaine unité ?
ou les altérations sont-elles à la fois locales, profondes et anciennes, de telle sorte
qu'entre tels ou tels des idiomes des Bohémiens de l'Asie Mineure, de la Syrie, de
la Perse [1], de l'Egypte, de l'Algérie, etc., il y ait autant ou plus de différence
qu'entre celui des Bohémiens d'Europe et celui des Bohémiens de l'Asie Mineure ?
Il y aurait, dans ce cas, de nouvelles branches à distinguer. Peut-être aussi
trouvera-t-on, sous le rapport du langage, et probablement alors sous d'autres
rapports en même temps, des différences plus accusées entre certaines classes
de Bohémiens du même pays, mais qui s'étendent sur plusieurs pays divers,
qu'entre les mêmes classes de ces divers pays et même qu'entre les Bohémiens
pris en masse de ces pays divers. Ce sont là des questions que la comparaison
des échantillons de langue bohémienne recueillis en Asie et en Egypte, permettrait sans doute de résoudre déjà approximativement, mais dont je laisse
l'examen à de plus capables.

Il va sans dire qu'avant tout, il faudra s'assurer si l'article manque réellement dans tous les dialectes de l'Asie (p. 39) et de l'Afrique. Il importera aussi
de vérifier si les éléments grecs qui ont si profondément pénétré la langue des
Bohémiens rouméliotes, et qui se sont répandus, par suite, dans la langue
générale des Bohémiens d'Europe, font complètement défaut chez ceux de l'Asie
Mineure qui ne sont pas limitrophes du Bosphore et de la Propontide et en
rapports fréquents avec ceux de la Roumélie. Cette dernière affirmation, qui
paraît résulter de deux passages de M. Paspati (p. 16 et 37), peut surprendre
au premier abord ; car la langue grecque a été très-répandue dans l'Asie
Mineure : à quel degré ? depuis quelle époque ? jusqu'à quelle époque ? ces
questions, familières assurément à beaucoup d'hellénistes et d'orientalistes,
demanderaient à être brièvement, mais clairement, élucidées dans une étude
de la langue des Bohémiens de l'Asie Mineure, en vue d'expliquer l'absence des
éléments grecs dans cette langue, ou de fournir du moins les indications nécessaires pour la solution du problème philologico-historique que soulève ce fait
intéressant, — à supposer toutefois que ce fait lui-même soit d'abord pleinement
confirmé.

Je n'ai encore rien dit des Contes, qui composent la 4ᵉ partie du livre ; et

---

1. Chose étrange ou qui peut paraître telle au premier abord, on hésite à ajouter ici
les contrées de l'Inde ; car ces contrées, d'où les Bohemiens ont dû venir, sont précisément celles où l'on n'a pu encore retrouver leur langue ; ce qui a aussi, pour le dire en
passant, une grande signification historique. Plus on s'éloigne de l'Europe, plus on se
rapproche du berceau très-probable de la race, plus la langue s'efface, plus la race elle-
même, — ou, pour mieux dire, le rameau bohémien, — est difficile à distinguer et à
reconnaître. Si l'idiome particulier des Bohémiens doit se retrouver dans l'Inde, — ce
qui me semble à la vérité assez douteux, — c'est sans doute par la connaissance des dialectes ou des branches intermédiaires, c'est-à-dire par la langue que parlent les Bohémiens
entre l'Europe et l'Inde, peut-être aussi en Afrique, qu'on arrivera à cette découverte
intéressante. La constatation de la séparation très-nette entre le langage des Bohémiens
de Roumélie et celui de leurs voisins de l'Asie Mineure, est une leçon qui ne doit pas
être perdue.

ce sujet serait mieux traité par un savant ayant la spécialité de ce genre de littérature populaire. Les Bohémiens et la vie bohémienne ne paraissent être pour rien dans ces récits, la plupart fort incohérents ; ils n'y sont, du moins, jamais clairement désignés. De même qu'ailleurs les Tsiganes sont devenus les musiciens nationaux des Magyars et les rhapsodes des ballades roumaines, il paraît qu'en Turquie ils se sont faits les conteurs des féeriques récits qui plaisent tant aux Orientaux. Leur part de création y est-elle aussi grande, aussi remarquable qu'elle paraît l'être dans la musique qui attire partout l'attention du voyageur sur les bords du Danube ? Voilà ce qu'il faudrait pouvoir dire ; mais je crois que ce n'est pas facile [1]. Il est probable que ces contes rentrent généralement dans la catégorie de ceux qui appartiennent au fonds commun d'une foule de peuples. Grâce à une obligeante indication, j'en signalerai déjà deux qui sont évidemment dans ce cas : ce sont le 2e et le 3e (p. 601-605 et 605-617). — Le premier de ces deux contes repose sur le même thème que *Les Compagnons de voyage* d'Andersen ; mais les différences sont considérables. Ce conte, qui a près d'une trentaine de petites pages dans le récit du poète suédois (*Contes d'Andersen*, trad. par X. Marmier. Ed. Hachette, 1856, 1 vol. in-18), est réduit à deux (plus grandes) dans le texte bohémien. Dans le premier, le principal personnage est le fils unique d'un pauvre mourant ; dans le récit bohémien, son père est un roi bien portant qui a trois garçons. Dans celui-ci, et non dans l'autre, les odieux créanciers du mort sont des Juifs ; et ce trait est à remarquer (il serait intéressant de savoir s'il appartient au fonds original), car en général les Bohémiens détestent cordialement les Juifs. Dans le conte bohémien, ce n'est pas une triple énigme que les épouseurs de la fille riche et belle [2] ont à deviner pour ne pas mourir ; c'est un dragon qui habite en elle, et le mort coupe d'abord d'un coup d'épée les trois têtes de ce dragon au moment où elles sortent de sa bouche pendant la nuit de noces ; puis, c'est en garrottant la jeune fille, en la tiraillant par les pieds et en lui faisant pousser un cri de frayeur, que le mort, aidé de son compagnon, lui fait vomir le dragon lui-même. Du reste, les deux rencontres que font les voyageurs avant d'arriver au but de leur voyage, celle de la vieille et celle de l'homme aux marionettes, et toute la partie féerique qui accompagne et qui suit ces deux rencontres, la ville enchantée, située par-delà les montagnes et les nuages, où se passe l'action finale, les trois nuits de sabbat et tous les détails curieux et bizarres qui s'y rattachent, tout cela fait défaut dans le récit bohémien. Je noterai aussi en passant qu'on n'y tire pas le canon, comme chez Andersen. En somme, le récit bohémien est le thème barbare qu'Andersen a rempli de détails charmants et

---

1. C'est une question que M. Paspati n'a pas même posée. Le peu qu'il nous apprend sur les contes, et aussi sur les chansons des Tchingianés, se trouve p. 33, 35 et 462.

2. Le récit bohémien est très-écourté ; la beauté de la fille n'y est même pas mentionnée, et il n'y est question de ses richesses qu'indirectement. C'est du reste une fille de village au lieu d'une princesse. Le conte bohémien ne dit pas non plus que Jean (aucun personnage n'a de nom dans les contes bohémiens) avait eu la vision de cette jeune fille au lit de mort de son père.

touchants (car je le soupçonne de ne pas avoir recueilli ces récits avec la fidélité scrupuleuse que les frères Grimm ont apportée dans leur travail). C'est précisément à ce titre qu'il a sans doute un intérêt particulier : pourtant je dois dire qu'il fait plutôt l'effet d'un canevas sur lequel le conteur doit broder en remplissant des lacunes, et même d'une trame décousue dont il doit rattacher les fils à lui connus, que d'un récit fait pour être répété tel quel.

L'autre conte, le 3ᵉ de Paspati, se retrouve dans le *Fidèle Jean* de Grimm. Ici la rédaction bohémienne est plus développée ; elle occupe cinq pages et demie (le *Fidèle Jean* en a une douzaine dans le petit volume français, *Contes choisis* des frères Grimm, traduits par Fréd. Baudry. Ed. Hachette, 1855). Les deux récits présentent de singulières différences, surtout au commencement, où le conte bohémien est assez alambiqué, et aussi tout à la fin, où la version bohémienne est au contraire plus simple, plus humaine, je dirais presque plus philosophique ; mais ces deux récits n'en contiennent pas moins des détails presque identiques. Ne pouvant les comparer en détail, je releverai seulement les traits suivants :—Les trois oiseaux prophétiques qui, dans le récit bohémien, sont des oiseaux quelconques, ce qui peut surprendre, sont chez Grimm trois corneilles, oiseaux prédestinés, comme chacun sait, aux augures, peut-être par suite de la tradition fort ancienne recueillie par Hérodote, et ingénieusement interprétée par lui d'accord avec les prêtres de Jupiter Thébain (Hérod. 2, LIV-LVI). — Autre détail : le troisième danger, d'après le récit bohémien, tout différent en cela de celui de Grimm, est l'apparition d'un dragon pendant la nuit de noces, dragon dont le Chauve (qui remplace ici le fidèle Jean) coupe les trois têtes, à peu près comme fait le mort dans le conte précédent, détail qui ne se retrouve pas non plus dans le récit d'Andersen. Ce dragon, qui revient dans les deux contes tchinghianés et qui ne figure pas dans les deux textes occidentaux, m'a paru digne de remarque. Ce monstre n'appartient certainement pas en propre aux Bohémiens ; mais j'ai quelques raisons de croire qu'il a joué, qu'il joue encore un grand rôle dans l'imagination et dans les croyances des Bohémiens en Orient, peut-être aussi dans le Nord.

Supposons du reste que presque tous les contes récités par les Bohémiens rentrent dans le fonds commun, comme cela paraît assez vraisemblable : en induirons-nous que les Bohémiens ne sont pour rien dans leur invention ? La conclusion serait forcée ; et cette circonstance même que les Bohémiens figurent rarement parmi les personnages de ces contes n'aurait rien de décisif. Car il est certain que c'est encore plus pour le plaisir des autres que pour le leur qu'ils débitent ces contes, de même que c'est surtout pour les autres qu'ils font de la musique, tout en y trouvant leur propre plaisir. Mais la question d'originalité dans la production artistique qui se pose ici est très-complexe, et je compte y revenir plus loin, à propos de quelques publications nouvelles, en jetant un coup d'œil général sur l'ensemble des productions que paraît nous promettre la pauvre muse tsigane. — Je ne quitterai pourtant pas ce sujet sans faire une remarque : Dans presque tous ces contes, une chose me surprend, c'est l'obscurité du récit bohémien. Tout ce qui devient clair, tout ce qui est enchaîné et expliqué dans nos contes d'Occident, j'entends dans ceux qui nous sont donnés, comme les contes de Grimm, par exemple, pour des reproductions très-exactes du récit populaire, reste enveloppé et difficile à saisir dans la version bohémienne. Il faut croire pourtant que ces contes populaires sont aisément et rapidement compris de ceux qui les lisent et de ceux qui les écoutent : ces esprits grossiers sont-ils donc plus subtils que les nôtres? Il n'est guère permis d'en douter ; ils n'ont pas nos habitudes analytiques et didactiques; pour eux, les transitions et les liaisons formelles ne sont pas nécessaires ; et puis il y a chez eux un fonds de traditions merveilleuses qui leur sert à comprendre aussitôt ce que nous ne pouvons saisir qu'avec effort.

En terminant ce long article, j'ai besoin de remarquer que la plupart des critiques qu'il contient et des *desiderata* qu'il signale, se rattachent à des préoccupations historiques et ethnographiques qui ne répondent pas à l'objet principal de l'auteur. Son œuvre est proprement philologique, et sous ce rapport essentiel elle demandera à être appréciée par quelque savant orientaliste et tsiganologue comme M. Pott ou M. Ascoli. Ainsi circonscrite, elle contient trois parties connexes, souvent mêlées, mais de nature distincte : la partie lexicale, la partie étymologique et la partie grammaticale. Il est présumable, d'après les appréciations de M. Ascoli sur la publication antérieure, et aussi d'après la manière dont M. P. les a accueillies, que la partie étymologique, celle précisément où mon incompétence est le plus absolue, ne sera pas trouvée irréprochable ; évidemment M. P. n'a pu acquérir la connaissance des langues populaires de l'Inde qui lui manquait. Cependant, en raison de la connaissance particulière que l'auteur avait du milieu linguistique où il a opéré, — connaissance à laquelle s'ajoutait, ne l'oublions pas, celle du sanscrit, du persan, etc., — elle doit contenir des explications d'une valeur toute spéciale. Cette partie est du reste celle qui peut pécher avec le moins d'inconvénient, parce que la science de cabinet pourra toujours en redresser les erreurs. Quant aux deux autres, les plus importantes en ce sens qu'elles sont la base première, et qu'il viendra un temps où, la langue des Bohémiens s'altérant de jour en jour, on ne pourra plus suppléer à ce qui nous manquera de ce côté, je serais bien surpris si elles n'obtenaient pas les suffrages les plus compétents. La partie lexicale, accentuation comprise, sera jugée parfaite, si je ne m'abuse ; et le lieu où les matériaux ont été recueillis lui donne, ainsi qu'à la suivante, un prix infini. Son seul défaut, difficile à éviter et facile à réparer par des suppléments, est, ce me semble, de n'être pas encore aussi complète qu'on pouvait l'espérer. Sans être aussi parfaite sans doute, la partie grammaticale, c'est-à-dire la plus intime, celle qui va le plus au fond de la langue, paraîtra, je pense, remplie d'observations neuves, mérite rare, qui, joint aux autres, doit assigner à cet ouvrage une place hors ligne, à la suite de celui de M. Pott, qui est incontestablement, et qui restera peut-être longtemps, le plus grand travail que la science ait accompli sur la langue bohémienne. M. Pott n'ayant jamais été en rapports personnels avec les Bohémiens, et M. Ascoli, qui n'avait eu avec eux que des relations bien courtes, n'ayant encore publié qu'un travail de peu d'étendue, je crois qu'on peut dire du livre de M. Paspati

que c'est, avec les matériaux, restés inédits, qui avaient été recueillis par Kraus et Zippel et qui ont servi de base principale au livre de M. Pott, l'étude la plus approfondie et la plus importante qui ait jamais été faite sur les sources vivantes. Auprès de cet éloge, s'il est ratifié, comme je l'espère, par ceux qui ont le droit de le décerner, toutes mes critiques paraîtront à juste titre secondaires.

Tous ceux qui, en France, s'intéressent aux études philologiques et ethnographiques et particulièrement à l'avancement de nos connaissances sur une race curieuse entre toutes, remercieront avec moi M. Paspati d'avoir publié ce livre important dans notre langue.

NOTES ADDITIONNELLES.

J'ai reçu de M. de Gérando et de M. Charles Szabo lui-même (le bibliothécaire du Musée de Kolosvar ou Clausenburg) des communications intéressantes [1], qui m'obligent à une rectification importante et à quelques additions, se rapportant à mes p. 5 et 6.

Il résulte d'abord des explications qui me sont fournies par ces deux MM., qu'une double erreur a été commise dans l'indication que j'ai donnée p. 6 : Ce n'est pas un travail sur les diplomes du roi Sigismond relatifs aux Bohémiens, qu'a publié *la Revue de Buda-Pest* (A' *Budapesti Szemle* , mais une série de trois articles sur *les Bohémiens et leurs rapports avec la musique hongroise*, par M. Stephan Bartalus (il y est fait mention d'anciens documents très-connus, notamment de la lettre octroyée, en 1423, par Sigismond, en faveur de Ladislas waywode de Tsiganes et de sa bande) ; et ces articles se trouvent dans les 8e et 9e livrais. de la nouvelle série (t. III, 1865) et dans la 11e livraison (t. IV, 1866) [2]. En m'envoyant ces explications, M. de Gérando m'a adressé un n° du *Ungarische Monatschrift* (Pest et Berlin, pet. in-8°. T. II, 1re livr., juillet 1868) qui contient (p. 24-59) le 1er de ces articles traduit en allemand (peut-être avec quelques modifications). Cet article n'est qu'une préface historique, et tout semble indiquer une suite; mais j'ignore si cette suite a paru dans le recueil allemand.

Ces rectifications faites, et ces éclaircissements bibliographiques une fois donnés, je retiens l'article allemand de M. BARTALUS (1868), et je m'empresse d'y ajouter l'indication de deux autres écrits, dont je dois également la connaissance à M. de Gérando : — Le premier est une grammaire tsigane en hongrois, par M. BORNEMISZA (A' *czigány nyelv' elemei*, irta Bornemisza János), Pest, 1853, in-8° de 42 p. — Le second est intitulé : *Beitræge zur Kenntniss der Rom-*

---

1. La lettre de M. Szabo, en date de Clausenburg, le 10 mars 1872, contient l'indication ou la copie de quelques documents très-précieux pour moi, mais dont il ne peut être question ici.

2. M. Ch. Szabo m'apprend que M. Bartalus a publié précédemment dans la même *Revue* (1re série, livr. 62, 63, 66, 67, dont je n'ai pas les dates) un autre travail sur l'*Histoire de la musique hongroise*, dans lequel il parle déjà tout naturellement des Bohémiens et de leur musique.

Sprache, von Dr Friedrich MULLER, Professor an der Wiener Universitæt. Wien, 1869, in-8°. Extrait des Bulletins de l'Acad. imp. des sciences (de Vienne); section philosophico-histor. 61e vol. 1re livr. Janvier-mars 1869. P. 149-206 (58 p.).

La grammaire tsigane de M. Bornemisza paraît ajouter de nouvelles observations grammaticales à celles de M. Pott, souvent cité. C'est tout ce que je puis en dire, faute de pouvoir en pénétrer le contenu; sa date un peu ancienne ne permettrait guère du reste d'en faire ici l'analyse.

Quant aux deux écrits publiés par M. Bartalus et par M. Frédéric Muller, ils me serviront, avec les contes de M. Paspati, de thème à quelques réflexions générales sur les diverses sortes de productions populaires bohémiennes. Mais je dois dire d'abord un mot de chacun en particulier.

Le travail de M. F. Muller se compose de 1 page et 1/2 d'explications préliminaires, et de textes bohémiens, savoir : 5 contes (p. 151-194); 29 strophes ou couplets, la plupart de 4 vers (p. 195-203); et une lettre d'un Bohémien (Rigo Janos) à sa femme (p. 204-205) : le tout avec traduction *interlinéaire* allemande. L'écrit se termine par quelques remarques explicatives sur certains mots ou passages des poésies (p. 205-206). — Tous les textes ont été recueillis à Vienne, par un ancien et savant élève de l'auteur, M. L. FIALOWSKI, de la bouche de plusieurs Bohémiens, que celui-ci avait cherchés et découverts dans les régiments hongrois ou croates en garnison dans cette capitale. Parmi les Bohémiens enrôlés dans ces régiments, tous n'étaient pas également capables de fournir les matériaux qu'on cherchait; les uns avaient désappris leur langue, et d'autres qui la possédaient à fond ne savaient ni contes ni chansons. Le plus intelligent et le mieux pourvu était un nommé Sipos Janos (prononcez Schiposch Ianosch), et c'est de lui que viennent les cinq contes et les strophes ou couplets 15-23. Ce Bohémien, et tous les autres (dont les noms sont indiqués à la suite des textes qu'ils ont fournis), à l'exception de Vucetic (Vutchetitch, je suppose) de qui viennent les six derniers quatrains (n°s 24-29, sont des Bohémiens hongrois, « tandis que Vucetic, qui est de la Croatie, parle le dialecte des Bohémiens » serbo-turcs. » — Je me déclare incapable de juger, surtout à première vue, de la pureté de ces textes; mais les noms des deux personnes qui les ont recueillis et publiés offrent les plus sérieuses garanties; et la traduction interlinéaire allemande peut fournir un excellent exercice pour l'étude de la langue.

Quant au contenu de ces textes, la place me manque pour en parler longuement. Je dirai cependant que des Bohémiens jouent le principal rôle dans le 1er et dans le 3e (celui-ci est intitulé : *Le Tsigane valaque*), et que tous ces morceaux, contes et chansons, me paraissent intéressants. L'amour de l'argent et l'impudicité s'étalent dans les contes, mais avec la naïveté de la barbarie primitive[1]. La formule initiale du 1er et du 5e conte, « il y avait quelque part, il n'y » avait nulle part ailleurs, un Dieu plus heureux, plus doré! », et l'invocation à

---

[1]. Comme le remarque M. Muller, la lettre du Bohémien Rigo à sa femme fait une heureuse exception; elle est pleine de cœur et de tendresse.

Dieu (appelé quelquefois « bon, heureux Dieu d'or! »), qui revient au milieu des entreprises les moins pieuses, par exemple, au commencement de la p. 152, pour appeler son aide, sont des traits curieux à noter. Les deux contes, déjà signalés, où des Bohémiens jouent le principal rôle, sont ceux sur lesquels s'est surtout portée mon attention; et il me paraît évident que ces deux contes, faits pour les Bohémiens, sont d'invention bohémienne. — Quant aux quatrains (toutes les strophes ou couplets ont quatre vers, sauf le 5e qui en a six, le 9e qui en a cinq, et le 23e qui en a onze; et ce sont peut-être là des irrégularités commises par le récitateur), ils ont cela d'étrange, que, quoique fournis par six Bohémiens différents, ils paraissent faire partie, les 15 premiers au moins, d'un même tout : serait-ce une sorte de cycle, dont on a voulu rattacher les fragments? Ce qui est certain, c'est que tout cela est bien décousu. (J'oubliais de dire que c'est principalement, en somme, une poésie amoureuse, mêlée de petits incidents et de détails intimes.) On voudrait savoir aussi si ces vers se récitent ou s'ils se chantent, et, dans le dernier cas, si les airs qui les accompagnent ont quelque valeur. — L'auteur de cette contribution à la connaissance de la langue *romani*, dit dans ses explications préliminaires : « J'ai le dessein, plus tard, dans un » travail spécial qui comprendra mon butin philologique et différentes remarques » pour l'éclaircissement des formes grammaticales et des points étymologiques, » de revenir sur quelque chose (sic) qui devrait être noté ici. » Quelques remarques n'eussent pas été inutiles dès à présent.

Je passe maintenant aux écrits de M. Bartalus; et dans le seul article que je possède (peut-être le seul qui soit accessible à la plupart des étrangers, puisque je ne suis nullement certain que les autres aient été traduits du hongrois), — article qui n'est, comme je l'ai déjà dit, qu'une préface historique où l'on ne peut s'attendre à trouver du nouveau, — je rencontre toutefois un passage qui doit m'arrêter un instant; car il me servira à renseigner le lecteur sur la valeur des deux rarissimes brochures d'Enessey (1798 et 1800), que j'avais indiquées (p. 5) comme paraissant promettre quelques informations précieuses. M. Bartalus ne donne pas d'échantillons du vocabulaire; mais il donne (p. 26-28) du système d'Enessey sur l'origine des Bohémiens une analyse très-suffisante, qui montre, je dois le dire, que ce système brille surtout par l'étrangeté. En somme Enessey fait des Bohémiens des descendants de Cham, ce qui est très-admissible; mais voici comment il établit leur origine : Après que Noé eut maudit Cham, les habitants de Sodome, Gomorrhe, Adama et Sabojim [1], qui descendaient de Cham, furent détruits; leurs voisins, les habitants de la plaine de Zoar, qui avaient la même origine qu'eux, furent d'abord épargnés, à cause de Loth réfugié chez eux. Mais plus tard Dieu donna leur pays aux descendants de Loth, et les dispersa sur toute la terre. C'est cette nation dispersée qui se retrouve aujourd'hui dans la race tsigane. Et, pour le prouver, Enessey se

---

1. Il est surprenant qu'Enessey ne mentionne pas la cinquième ville maudite, *Ségor*, qui fournit un rapprochement, plus séduisant que tous ceux auxquels il se livre, et peut-être digne de remarque, avec le nom des Bohémiens, *Cigani, Cingari* (ou *Sigani, Singari*), etc.

livre à des rapprochements étymologiques tirés de la langue des Bohémiens (qu'il appelle, on ne sait pourquoi *die driganische nation* [1]); mais ces rapprochements ne sont pas seulement sans valeur probante; ils reposent sur des mots bohémiens dont la forme est souvent très-contestable. En résumé, je crois que la rareté des brochures d'Enessey est leur principal mérite.

Quant à l'ensemble du travail de M. Bartalus, tel du moins qu'il existe probablement au complet dans la *Budapesti Szemle*, il doit être rapproché du livre de M. Liszt, que j'ai mentionné dans mon précédent article (p. 5); car j'apprends que c'est principalement pour combattre les idées de celui-ci, qu'il a été composé. M. Liszt, dans son livre (*Des Bohémiens et de leur musique en Hongrie,* Paris, 1859), avait attribué aux Bohémiens la principale part de création dans la musique nationale hongroise; et s'il m'est permis d'exprimer ici une opinion, qui n'est fondée, ni sur des connaissances musicales dont je suis entièrement dépourvu, ni sur des preuves historiques directes qui font absolument défaut, mais sur un ensemble de présomptions tirées de l'histoire ancienne des Bohémiens, des facultés musicales très-remarquables qui appartiennent incontestablement à cette race, et du rôle musical si important qu'elle remplit en Orient et tout particulièrement en Hongrie, en Roumanie, je crois que M. Liszt est dans le vrai. Il paraît que M. Bartalus, qui est aussi un artiste de grande autorité, a une opinion toute contraire. N'ayant pas sous les yeux les articles où il la développe, je laisserai les noms propres de côté; mais il ne me paraît pas pour cela défendu d'examiner la question en elle-même. Elle est en effet une des plus intéressantes que soulève l'histoire des Bohémiens dans l'Europe orientale; et à côté de cette question viennent s'en placer d'autres relatives à la part d'originalité des Bohémiens dans la littérature populaire (contes, poésies, etc.) dont M. Paspati et M. Fr. Muller viennent de nous fournir des échantillons en langue *romani*.

Les Bohémiens sont les musiciens populaires de la Hongrie, de la Roumanie et de plusieurs autres contrées voisines. Une de leurs corporations les plus nombreuses est précisément celle des *Lautari,* — musiciens — (prononcez *laoutar*), comme les appellent les Roumains, et elle a de fait le monopole de la musique populaire dans toute la région du bas Danube. Mais les Roumains et leurs voisins ont aussi une poésie populaire très-remarquable; et, les deux choses se tenant de près, et cette poésie populaire se retrouvant aussi très-souvent dans la bouche des *lautari*, on me demandera peut-être si je prétends attribuer aussi aux Bohémiens une part de création importante dans la poésie nationale des Hongrois et des Roumains. Je réponds que la connexité n'est qu'apparente. Les choses n'ont pas encore tellement changé dans ces contrées, que le présent ne puisse y être encore pris pour témoin du passé. Aujourd'hui, en Roumanie, pour me borner à cette contrée sur laquelle je suis plus particulièrement renseigné, les *seuls* musiciens populaires sont les Tsiganes, les *lautari*. Ceux-ci, au

---

1. Je n'oublie pas que l'expression est traduite du hongrois en allemand; mais l'articulation *drigan* doit être fidèlement reproduite, et l'on se demande où Enessey l'a prise.

contraire, n'ont nullement le monopole de réciter les poésies populaires; naturellement ils s'approprient celles qui se chantent, les *choré* surtout [1] et probablement aussi les *doiné*, et ils ont bien pu en composer quelques-unes; mais la
plupart de ces chansons sont, je n'en doute pas, d'origine toute roumaine; à
plus forte raison les ballades (*canticé betranesci*), petits poèmes héroïques que
plus d'un *lautar* pourrait, si je ne me trompe, vous réciter, mais qui sont surtout
conservés et répétés, comme les autres poésies roumaines, par des paysans de la
montagne. Hé bien, je crois que cet état de choses actuel répond encore à ses
origines; je crois que la musique tsigane est de création tsigane, et que les poésies
populaires roumaines,—hormis peut-être pour une petite part secondaire, — sont
de création roumaine. Il en est très-probablement de même en Hongrie. Pour ce
qui regarde la musique, plus d'un Hongrois sera sans doute d'un autre avis; et je
ne serais pas surpris qu'on me fît, de ce côté, deux objections : l'arrivée assez
moderne des Bohémiens en Hongrie [2], et le caractère national de la musique hongroise. La première est à écarter tout d'abord, elle le sera du moins lorsque j'aurai
prouvé, comme je crois être en mesure de le faire, que les Bohémiens existaient
en Hongrie et en Roumanie avant les Hongrois et même avant les Roumains, ce
qui change singulièrement la thèse. L'autre objection que je prévois, c'est que
la musique populaire jouée par les Bohémiens en Hongrie a un caractère proprement hongrois. Deux Roumains que je viens de consulter à ce sujet, me
disent en effet que les Bohémiens de Hongrie, de Valachie et de Turquie ont
trois musiques d'un caractère tout différent. En supposant établi ce fait (qui
demande certainement à être vérifié et élucidé par des personnes particulièrement compétentes), il ne me paraît nullement concluant. En effet, il y a ici
deux facteurs : le musicien, c'est-à-dire le Tsigane, qui, déjà en possession de
son art, était capable d'exprimer des impressions diverses, alors qu'autour de lui
l'instinct musical n'avait trouvé d'organe populaire ni chez les colons romains de
Dacie ni chez les Hongrois encore barbares; et puis l'esprit des milieux différents
où le musicien tsigane a vécu, le goût des auditeurs qui furent nécessairement
aussi ses inspirateurs. Le public en effet a certainement une action sur l'artiste
et une part dans son œuvre, surtout un public composé des maîtres du pays
sur de pauvres musiciens à demi esclaves (ils le furent tout-à-fait en Roumanie),
qui doivent vivre de ses dons. Mais les Mécènes eux-mêmes ne sont que des
Mécènes, et les auteurs restent les auteurs. M. Liszt, qui est, comme tous les
Hongrois du reste, un grand admirateur, et de plus un admirateur assurément très-compétent, de la musique hongro-tsigane [3], a très-bien compris
cela, et il l'a supérieurement exprimé dans son livre. La musique est une sorte
de langue universelle, et c'est le don musical que possédaient les Tsiganes, qui,

---

1. Sur les diverses sortes de poésies et de chansons populaires roumaines, voy. le court,
mais clair exposé, inséré dans la *Notice sur la Roumanie*, publiée à l'occasion de l'Exposition univ. de 1867 (Paris, Franck, 1868, in-8°), p. 216-217.
2. Ne serait-ce pas là le but de l'introduction historique de M. Bartalus?
3. Il ne s'est pas contenté du reste d'en parler; il l'a, pour ainsi dire, condensée dans
ses *Rhapsodies hongraises* (sic), qu'il appelle l'épopée musicale de la race tsigane et du
peuple hongrois tout ensemble. Voy. surtout le dernier § de son livre.

avec leurs industries primitives si précieuses en ces temps et en ces lieux encore barbares [1], leur fit dans ces contrées une existence relativement heureuse. Mais chaque peuple parle cette langue à sa manière, et les Lautari la parlèrent différemment pour chacun des deux peuples qu'ils avaient pour maîtres.

Trois choses sont certaines, à savoir : que les pays d'Europe où la musique populaire est le plus cultivée et le plus remarquable, sont précisément la Roumanie et la Hongrie ; que ces pays sont ceux du monde où les Bohémiens sont le plus nombreux (300,000 environ en Moldo-Valachie) [2] ; que dans ces pays, où chaque village a sa petite troupe de *lautari*, la musique populaire est *exclusivement* aux mains des Tsiganes (j'en suis particulièrement certain pour la Moldo-Valachie). Comment voir là de simples coïncidences toutes fortuites ? et comment imaginer que la musique locale jouée par les Tsiganes ait été inventée par d'autres que les Tsiganes ? Qui donc aurait pu la leur enseigner ? Qui donc aurait composé les airs qu'ils jouent ? N'y a-t-il pas d'ailleurs parmi eux, non-seulement des virtuoses, mais des compositeurs très-connus dans la contrée ? et ne sait-on pas que le dernier des Lautari introduit dans son jeu des variations infinies ? La question en vérité ne me paraît guère controversable. Cependant, comme il y a toujours profit à écouter la contradiction, comme M. Bartalus est une voix particulièrement autorisée [3], et qu'il peut, dans tous les cas sans doute, nous apprendre bien des détails intéressants que nous ignorons, je signale tout particulièrement à l'attention du public savant le travail de lui, dont je ne connais encore que la préface.

Pour ce qui regarde les contes, je ferai une autre remarque. On me dit qu'il existe en Roumanie beaucoup de contes, mais que ce sont généralement les paysans qui les conservent et qui les disent, rarement les Tsiganes. On ajoute

---

1. Les Bohémiens passent généralement pour des vagabonds fainéants. Il faut distinguer. Il y en a qui sont des artisans nomades, sérieux travailleurs des âges barbares, qui n'ont qu'un tort, celui d'avoir conservé les habitudes décousues des âges barbares, mais qu'il faut replacer dans le milieu antique pour apprécier leur rôle considérable : celui de travailleurs *libres*, dans un temps où l'on ne connaissait guère que le travail servile, — transportant leur industrie de lieu en lieu, dans un temps où les communications étaient si difficiles. Ceux-là, les *Calderari*, par exemple, dont j'ai pu voir dernièrement à Paris une bande, font encore partie aujourd'hui de corporations, dont l'organisation demanderait à être soigneusement étudiée. Les autres (*Lăiessi* de Valachie, etc.), qui sont plutôt des vagabonds que des nomades, et qui travaillent peu, qui volent davantage, mais chez qui se retrouvent pourtant presque tous les métiers que professent séparément les Bohémiens groupés en corporations, ne seraient-ils pas des paresseux exclus de ces corporations ? Et les *Netots* que sont-ils ? Questions très-intéressantes à étudier dans le présent et dans le passé.

2. S'ils y sont restés si nombreux, eux qui n'ont pas de racines dans le sol, c'est qu'ils s'y sont trouvés mieux qu'ailleurs, précisément parce qu'ils ont été appréciés pour leur don musical et aussi pour leur utilité comme artisans, dans des contrées longtemps dépourvues d'artistes et d'artisans.

3. Il faudrait aussi pouvoir étendre l'étude comparative de la musique tsigane à tous les pays où cette musique a pu prendre quelque développement, surtout à des régions distantes, comme Moscou, la Perse, l'Égypte. Il est regrettable de ne pouvoir plus consulter sur ces questions M. Fétis, l'homme du monde qui connaissait le mieux la musique ancienne et moderne de tous les peuples, et qui avait commencé à faire intervenir cet élément dans les questions anthropologiques.

que beaucoup de ces contes sont turcs. Voilà une donnée qui tend à confirmer une pensée que j'avais déjà : c'est que les Bohémiens ont pu et ont dû contribuer, pour une part peut-être notable, à répandre chez divers peuples et même chez des races profondément distinctes, des contes qu'on s'étonne de retrouver presque partout. Les contes, en effet (aussi bien que les superstitions et certaines légendes), sont chose infiniment moins nationale, moins personnelle (en prenant ici les peuples pour des personnes collectives), que la musique populaire, et surtout que la poésie populaire ; ils s'acclimatent facilement, on le sait de reste, dans les milieux les plus divers ; mais encore faut-il qu'ils y soient transportés. Sans refuser aux conteurs bohémiens une part de création, qui me paraît plus que probable, dans ce genre de littérature populaire, il est permis de croire qu'ici leur principal rôle a été de colporter ces récits, de les répandre, peut-être très-anciennement déjà, chez des peuples d'origines très-diverses. J'ai dit que je trouvais la confirmation de cette idée dans le fait qui vient de m'être affirmé : En effet, comment les paysans roumains sont-ils en possession de beaucoup de contes turcs ? Les Roumains ont été en rapports continuels de guerre et de traités avec les Turcs ; mais les deux peuples ne se sont jamais mêlés ; il y eut toujours entre eux très-peu de points de contact, même dans les moments où l'un ou l'autre des trois pays roumains fut envahi par les Musulmans. Les contes turcs n'ont donc pu, selon toute vraisemblance, se répandre en Roumanie que par les conteurs tsiganes, assez nombreux en Turquie, comme nous l'apprend M. Paspati. Parmi les Bohémiens qui émigrèrent, comme cela dut arriver souvent, de Turquie en Roumanie, il y avait sans doute des conteurs ; mais de ce côté-ci du Danube, ceux-ci ne trouvant pour auditeurs que des paysans, qui de plus étaient conteurs eux-mêmes sans en tirer profit, durent quitter ce métier, eux ou leurs enfants, pour en adopter un autre plus lucratif, celui de *lautar*, par exemple. C'est ainsi, je pense, que les contes turcs furent apportés en Roumanie par ceux qui généralement ne les disent plus. Il est probable aussi que plus d'un *lautar*, revenant d'une tournée en Roumélie, raconte volontiers aux paysans valaques attablés le dimanche devant lui, quelque nouveau conte recueilli par lui de l'autre côté du Danube. — On peut supposer qu'autrefois, avant même que les peuples, d'où sont sorties plusieurs des nations actuelles, eussent pris leur assiette dans les pays que celles-ci occupent aujourd'hui, les conteurs bohémiens auront rempli en bien des lieux un office analogue.

Ainsi, je crois à l'originalité bohémienne de la musique que les Bohémiens font en Hongrie, en Roumanie, pour les Hongrois, pour les Roumains, etc., tandis que je considère les ballades, ainsi que les autres poésies en langue roumaine, hongroise, etc., que certains d'entre eux chantent ou récitent, comme appartenant en propre aux Roumains, aux Hongrois, etc., et la plupart des contes qu'ils colportent, comme étant au contraire de nature cosmopolite. Mais les Bohémiens, qui font de la musique et qui récitent des contes et même certaines poésies pour les autres, font aussi de la musique, des chants et des contes pour eux-mêmes. Seulement, la musique étant une langue universelle et qui n'a point de secrets à voiler, celle qu'ils ont pu composer pour eux-mêmes se confond nécessairement avec l'autre; car ils la jouent tout naturellement aussi aux Roumains et aux Hongrois, ou plutôt ils croient ne pas leur en jouer d'autre.

Il n'en est pas de même de la poésie. Si grossière qu'elle soit, elle est à peu près inséparable de la langue dans laquelle elle a été composée : la poésie bohémienne, en comprenant sous ce nom des productions de nature très-diverse, et la plupart du temps assez informes, reste donc fermée aux *Gadjé*, et elle conserve par la langue son cachet d'origine. — On peut partager les productions de ce genre en deux catégories principales : ce sont d'abord les chansons et poésies qui expriment des sentiments plus ou moins individuels, appartenant au fond banal de l'humanité (et tout particulièrement ici de l'humanité grossière et barbare), comme les chants d'amour, de joie, de tristesse, les chansons bachiques, érotiques, etc. (On peut y ajouter, dans une subdivision particulière, celles qui retraceraient des souvenirs d'aventures et d'exploits bohémiens, c'est-à-dire surtout de larcins). C'est à cette catégorie qu'appartiennent presque tous les échantillons qu'on possède [1]. — Il n'est pas impossible qu'un certain nombre de ces poésies aient été imitées et librement traduites d'une autre langue en bohémien [2]; mais ce n'en serait sans doute qu'une partie insignifiante; et, prises en bloc, leur originalité ne peut faire de doute. Il faudrait tâcher de les connaître davantage ; car elles sont évidemment destinées à nous faire mieux pénétrer la nature bohémienne. Il faudrait aussi que la prosodie en fût étudiée. Si l'on en juge par les échantillons que fournit M. F. Muller, elles sont ordinairement rimées et en vers de 8 syllabes, le plus souvent par strophes de 4 vers. L'accent y joue-t-il un certain rôle? voilà ce que je ne saurais dire. Chez M. Borrow, dans la langue altérée des Gitanos, ce sont aussi des strophes de 4 vers, mais ordinairement non rimés et de mesure inégale; ce qui peut faire supposer une prosodie spéciale, fondée surtout sur l'accent. Mais ce sont là des questions qui ne sont pas de ma compétence. — Une particularité curieuse que nous fait connaître M. Paspati (p. 33) c'est « qu'anciennement on chantait dans les festins » agricoles des Chrétiens et des Musulmans beaucoup de chansons tchin- » ghianées. » Mais évidemment ceux-ci ne les comprenaient pas, et, d'après ce que M. Paspati dit de ces chansons [3], ils n'y perdaient pas grand'chose. Elles

---

1. Les principaux (avec ceux que M. Borrow a donnés au commencement de son 2° vol. des *Gypsies of Spain*, avec quelques bribes recueillies par M. Reuss, par M. Vaillant et par M. Bœhtlingk, comme je l'ai déjà indiqué), se trouvent dans Liebich, *Die Zigeuner*, 1863, p. 97-103, et dans l'article de M. Fried. Müller mentionné plus haut. On trouverait peut-être encore quelques pièces dans d'autres auteurs. La plupart n'ont sans doute pas une grande valeur littéraire. Il serait désirable cependant que quelque personne compétente en fît l'objet d'une étude spéciale, ainsi que des contes, etc.

2. C'est ainsi qu'un Gitano a chanté à M. Borrow *Malbrough s'en va-t-en guerre*, traduit en rimes bohémiennes (*The Zincali or Gypsies of Spain*, 1'° éd., t. I, p. 342).

3. « Quelques-unes de ces chansons, dans lesquelles le vin et les passions honteuses » jouent le rôle principal, m'ont paru frivoles et dépourvues de sens ; mais (comme l'ajoute » avec raison M. Paspati) en étudiant l'histoire de ce peuple, on ne doit rien négliger; » car, après tant de travaux sur cette race, nos matériaux sont encore assez pauvres et » souvent fort insuffisants, et ce qui nous paraîtrait frivole pourrait être aux autres des » renseignements précieux » (*Les Tching.*, p. 33). — Cette dernière remarque n'est pas très-bien exprimée, mais elle est très-bien pensée.

ne servaient apparemment, comme les instruments qui sans doute accompagnaient la voix, qu'à exprimer des airs, qui, toujours au dire de M. Paspati, sont eux-mêmes « vulgaires et fort insipides » (*ibid.*). Mais on sait que les Turcs ne sont généralement pas très-exigeants en fait de musique, et il paraît que le tout réjouissait leurs oreilles.

Il y a ensuite une classe de chants essentiellement bohémiens, qui nous sont entièrement inconnus et qu'il importe particulièrement de connaître, car ils ont un intérêt tout spécial : ce sont les chants traditionnels de la race ou de certaines tribus, comme le *Chant de Pharaon* dont il a été question dans mon premier article, comme ceux qui doivent avoir un rapport particulier avec la fête de la Kakkava (*Les Tchingh.*, p. 37), comme tous les chants de métier, et enfin ceux qui se chantent probablement dans les circonstances graves de la vie de tribu ou de famille, la naissance, la mort, le mariage, etc. Il est clair que c'est parmi les nomades qu'il faut chercher ces chants. Nous ne pouvons savoir ce qu'ils valent comme poésie populaire et comme intérêt historique, puisque nous n'en connaissons aucun, quoique nous sachions qu'il en existe; mais leur pleine originalité est d'avance certaine, et il peut y en avoir qui aient toute la valeur de traditions anciennes et très-intéressantes.

Quant aux contes, je ne doute pas qu'il y en ait de composition bohémienne. Ceux qui appartiennent au fonds commun d'une foule de peuples sont très-probablement les plus nombreux, et je répète que les Tsiganes, dont un certain nombre remplissent encore l'office de Conteurs, surtout en Turquie, ont dû contribuer à les répandre autrefois chez des nations très-diverses. Mais il y a plusieurs raisons pour que les Tsiganes faisant profession de recueillir et de débiter les contes, se soient mis aussi à en inventer. Les contes passent aisément d'une langue dans une autre, et ceux qui font métier de les répéter et de les traduire doivent être naturellement enclins à en composer. De plus les Tsiganes ont un penchant singulier pour le merveilleux, élément si important dans ce genre de littérature populaire. Un Anglais qui connaît très-bien les Gypsies, et que je questionnais sur leurs tendances religieuses, me disait : leur foi par excellence, c'est la foi à la bonne aventure, mot qui aurait besoin d'être longuement commenté, mais qui signifie principalement qu'ils croient fermement aux puissances occultes, à leur action constante, et aux moyens de les évoquer. Une pareille croyance, s'alliant à un goût naturel pour l'invention, et même à un sens artistique dont la musique tsigane fournit la preuve la plus évidente, n'a pu manquer de produire un assez grand nombre de contes originaux, surtout chez des gens familiarisés avec cette forme de littérature populaire par leur métier de conteurs. Mais précisément parce que les contes passent facilement d'une langue dans une autre, et parce que les Tsiganes font le métier de conteur aussi bien pour les *Gadjé* [1] que pour leurs congénères, la langue dans laquelle les contes

---

1. M. Paspati ne s'explique pas à cet égard, mais la chose paraît claire : Après avoir remarqué (p. 34) qu'il y a, même dans les grandes villes d'Orient, des gens qui font le métier de conteur dans les cafés, surtout pendant les nuits du ramazan, M. Paspati, parlant de Léon Zafiri, ce conteur intarissable, nous dit (p. 35) : « Pendant les longues nuits

sont récités ne prouve pas grand'chose quant à leur origine. Il y a certainement chez les Bohémiens qui font ou non le métier de conteurs, des contes empruntés qui se transmettent en langue tsigane ; et, à plus forte raison, il doit y avoir, surtout chez les Bohémiens conteurs, ou chez ceux qui perdent l'usage de leur langue ou qui en parlent de préférence une autre, des contes d'origine bohémienne, qui se disent le plus ordinairement dans une autre langue. Si, comme je le crois probable, les Bohémiens ont, anciennement déjà, répandu des contes d'origines diverses chez des races très-différentes, l'existence des mêmes contes chez ces peuples ne serait même pas toujours une preuve de leur origine non bohémienne ; c'est du moins un point sur lequel j'appelle l'attention. Quant à présent, le principal moyen de se prononcer en faveur de l'origine bohémienne d'un conte, est d'examiner son contenu en lui-même. Ceux où les Bohémiens jouent un rôle important et surtout un rôle peu avouable, ceux où les *Gadjé* sont mal traités, et qui, pour une raison ou pour une autre, ne semblent pas faits pour ceux-ci, sont naturellement d'origine bohémienne (à moins pourtant qu'ils ne paraissent inspirés par une intention satyrique contre les Bohémiens) ; et si on ne les rencontre qu'en langue *romani*, c'est une grande preuve de plus. Mais combien d'autres peuvent être également d'origine bohémienne !

Les contes et les légendes se tiennent de près, et il y a tels contes, comme celui que me racontait dernièrement un Bohémien originaire d'Alsace (on peut l'intituler *la Mort et le paysan*, et mon narrateur m'a dit qu'il ne l'avait entendu raconter qu'en allemand), qui, par leur caractère plus sérieux, font comme une transition entre les deux genres. — Il y a aussi, parmi les Bohémiens, des récits bizarres qui roulent sur de petits incidents de la vie et des voyages de Jésus et de saint Pierre, et qui ont pour eux la valeur de véritables légendes, auxquelles ils paraissent ajouter une foi pleine et entière. Je crois que j'aurais eu plus d'une fois l'occasion de recueillir des récits de ce genre, si tout d'abord j'avais mieux compris l'intérêt qu'ils peuvent avoir. Mon attention fut rappelée sur ce sujet dans une rencontre que je fis, en mai 1869, près de Saint-Germain-en-Laye, de Bohémiens originaires de Catalogne. Nous avions déjà causé assez longuement, lorsque le plus vieux de la petite bande (qui, par parenthèse, me quitta convaincu, malgré mes dénégations, que j'étais Bohémien et qu'il me connaissait comme tel pour m'avoir entrevu autrefois à Perpignan), me dit : « Vous connaissez bien les Romanitchel. Oui, leur état est de tromper leurs » semblables... C'est saint Pierre lui-même qui nous a enseigné cela, et c'est » Dieu qui nous a faits ce que nous sommes ; car c'est Jésus qui a institué tous » les états et tous les métiers au commencement du monde (*sic*). » Et il me raconta à ce propos deux légendes (la seconde assez jolie), dans lesquelles on

---

» d'hiver, ses co-nationaux l'invitent à raconter ses fables, qu'il traduit en turc aussi avec
» une grande facilité. » Il ajoute que cet homme tient plusieurs de ces contes de son grand-père, mort depuis longtemps, qui était aussi conteur. Il est infiniment probable que ce Zafiri, comme les autres conteurs tchinghianés, récite aux Turcs dans leur langue les contes qu'il dit en langue *romani* aux Tchinghianés, et que c'est là en partie son gagne pain, non-seulement parmi les Turcs, qui le paient, mais chez les Bohémiens, qui tout au moins partagent avec lui leurs repas.

voit saint Pierre, remplissant auprès de Jésus la fonction de domestique, ne se faire aucun scrupule de tromper son maître, pour s'attribuer la meilleure part de vivres ou de gain, pendant la pauvre vie nomade qu'ils menaient ensemble. Jésus, qui savait tout, découvrait toujours la fraude, et se montrait toujours indulgent. — Ce qui donnait un sens profond et vraiment effrayant à ces fables, c'était la foi entière qu'y ajoutaient ces Gitanos : ils étaient convaincus que cela était écrit dans les livres saints, qu'ils appelaient *les livres des voyages de Notre-Seigneur* : « Nous autres, ajoutaient-ils, nous nous soucions peu des prêtres et » du pape; leur religion est fausse. Nous, nous ne connaissons que Dieu et la » Sainte-Vierge, et *nous sommes de vrais chrétiens.* » Quant au sens de ces légendes, que je tenais à leur faire expliquer, ils me disaient encore : « Ces » récits vous montrent que c'est le Dieu Jésus qui a institué au commencement du » monde tous les corps d'états, à commencer par les médecins, car il guérissait » pour de l'argent; c'est lui qui a appris aux Romanitchel à mendier, à marcher » pieds nus; et c'est saint Pierre qui leur a enseigné à trahir leurs semblables. » — Des légendes dans lesquelles le christianisme est si étrangement approprié au génie bohémien, et qui deviennent pour ces gens-là de sérieux articles de foi, méritent d'être recueillies avec soin. C'est à elles que je faisais allusion, lorsque je parlais dans mon précédent article des légendes pseudo-chrétiennes. Depuis ma rencontre près de Saint-Germain, le Bohémien originaire d'Alsace dont j'ai déjà fait mention plus haut, m'a raconté deux autres petites légendes, appartenant sans doute au même cycle, dans chacune desquelles c'est Jésus au contraire qui joue un mauvais tour à saint Pierre; et dans un de mes livres allemands relatifs aux Bohémiens, j'en ai rencontré deux autres qui se passent également entre Jésus et saint Pierre; mais je ne puis retrouver ma source : elles sont fort courtes, et ce sont les seules qui aient été publiées, autant qu'il m'en souvienne. Il est bien entendu que toute légende de ce genre n'est pas nécessairement bohémienne, tant s'en faut. L'esprit populaire de tous les peuples chrétiens s'est exercé sur cette matière : les Evangiles apocryphes et beaucoup de fables plus récentes sont là pour le dire; et les Bohémiens ont dû en emprunter plus d'une, qui ne prouve rien, sinon leur goût, comme celui des masses, pour le merveilleux grossier ou enfantin. Mais il y a là aussi, j'en suis convaincu, des légendes proprement bohémiennes, qui sont entrées plus ou moins profondément dans les traditions de la race ou de tels rameaux de la race [1], et qui méritent à ce titre une sérieuse attention.

Je sais, d'autre part, qu'il y a en Roumanie beaucoup de récits populaires qui courent sur la manière dont les Bohémiens entendent et pratiquent la religion, et qu'on appelle quelquefois dans leur ensemble « l'Evangile tsigane. »

---

1. Voy. *passim*, dans mon premier Mémoire sur *l'apparition des Boh. en Europe*, 1844, les fables, certainement mêlées de vérité, que les premiers Bohémiens venus en Occident débitèrent sur leur origine. On peut en distinguer deux principales, l'une répétée presque partout et recueillie plus en détail à Paris en 1427 (p. 41-43 du tirage à part), l'autre dite à Bâle en 1422 (p. 40). Deux choses subsistent au fond de tous ces récits : une tradition confuse de l'Égypte et une immixtion des Bohémiens dans les croyances et les conflits religieux de l'Orient.

Je sais même qu'on en a publié plus d'une fois dans des feuilletons de journaux ou autrement ; mais je ne les connais que par oui-dire. Ce qui est certain, c'est que ces petits récits facétieux sont l'œuvre des Roumains ; et, quoiqu'ils doivent reposer le plus souvent sur un fond vrai, il ne serait sans doute pas toujours facile de demêler le fait, le mot, ou la croyance, propre aux Bohémiens, qui a servi de thème à la plaisanterie. Il est probable que ces anecdotes relatives à la religion bohémienne se disent et ont été souvent recueillies pêle-mêle avec les anecdotes d'autre nature, les bons mots, naivetés et niaiseries attribués également aux Tsiganes, et qui, publiées aussi, je crois, par lambeaux, fourniraient, si on les réunissait, de petits recueils analogues aux deux (en serbe et en hongrois) que j'ai déjà indiqués dans mon premier article (note 1 de la p. 24). — Les Roumains (notamment en Transylvanie, en Bucovine, etc.) ont aussi des satires populaires en vers [1], et probablement des ballades [2], relatives aux Bohémiens. Ils ont même fait sur eux des poèmes, dont aucun, je crois, n'a été publié [3]. — Il serait désirable que quelque érudit roumain, connaissant à fond les Bohémiens, fît une étude d'ensemble sur toutes ces productions d'origine et de nature diverses, et qu'après en avoir bien indiqué les sources et la valeur relative, il tirât de ce qui est connu tout ce qui peut éclairer l'histoire, les mœurs, les usages et le caractère de cette race. Je n'ai pas besoin d'ajouter que quelque chose d'analogue serait sans doute à faire aussi dans plusieurs autres pays de l'Orient.

En terminant cet article supplémentaire, où je suis entré dans des développements qui sortent un peu des habitudes de la *Revue Critique*, je dois au lecteur un mot d'explication à ce sujet. On a commencé enfin depuis quelque temps à recueillir de la bouche des Bohémiens des textes de compositions diverses ; mais, comme on n'y a guère vu que l'intérêt de leur langage, on les a recueillis jusqu'ici à peu près au hazard. — Que sont ces textes ? quelle est l'originalité et la valeur de leur contenu ? quelle place occupent-ils dans l'ensemble probable des productions bohémiennes en prose et en vers ? quels sont les matériaux de cette espèce qui promettent le plus d'intérêt et qu'il faut conséquemment s'effor-

---

1. Il m'en tombe quatre sous la main, publiées dans un des principaux journaux de Bucarest, *Columna lui Traianu*, n°⁵ des 30 sept. et 2 nov. 1870, où il est dit qu'elles sont « tirées de la collection de M. Simeon Fl. Marianu. » Ce sont des récits, en petits vers dont, m'assure-t-on, la langue a déjà vieilli, de naïvetés attribuées aux Bohémiens. Le 3ᵉ morceau est fort bizarre, les autres insignifiants.

2. Il y a en Écosse, surtout dans les Borders, des ballades en vers et des légendes anecdotiques en prose, qui racontent poétiquement des incidents souvent dramatiques, quelquefois merveilleux, presque toujours intéressants, de la vie des Gypsies, et qui reposent généralement sur des faits véritables. Il doit y en avoir d'analogues, au moins dans certains pays de l'Europe orientale.

3. Voici le titre d'un écrit de ce genre, qui a été copié pour moi par un Roumain, lequel n'a point noté où se trouve le manuscrit, ni sa date (je traduis ce titre en français) : « *La Tsiganide ou le camp des Tsiganes*, poème héroï-comico-satyrique, par Leonaki Diancu, » enrichi de beaucoup de notes et de remarques par Jean Budaï Delleano. » Un autre Roumain m'apprend que M. Pierre Assaki, mort l'année dernière, possédait un poème également intitulé *Tsiganida*, qu'on croit ne pas être le même que le précédent, et qui avait été probablement composé par un parent ou un ami de M. P. Assaki.

cer surtout de recueillir ? Telles sont les questions, toutes neuves, qui se pré-
sentaient à moi à propos des contes et des poésies populaires publiés par
M. Paspati et par M. F. Muller. Le livre de M. Liszt et les articles de M. Bartalus en introduisaient une autre, qu'il convenait d'ailleurs de ne pas séparer des
précédentes. Il m'a semblé qu'il était intéressant et qu'il pouvait être profitable
pour les recherches futures de textes bohémiens, de jeter un coup d'œil général
sur ces questions ; et, malgré mon insuffisance sur ces matières où je n'ai aucune
compétence spéciale, mais où j'apportais du moins une connaissance des Bohémiens, qui est, pour le moins, aussi nécessaire ici et qui est encore moins
répandue que la spécialité musicale, que l'érudition en matière de littérature
populaire, et même que la connaissance plus ou moins approfondie de la langue
romani, j'ai cru pouvoir présenter utilement les aperçus qui précèdent. Ce n'est
pas de la critique rigoureuse ; mais c'est une ouverture sur des sujets nouveaux ;
c'est un cadre où pourront venir se placer, non sans quelques rectifications sans
doute, d'intéressantes recherches, qui peut-être, — je l'espère du moins et tel
a été mon but, — connaîtront mieux leur objet.

P.-S. — Je reçois au dernier moment de M. MIKLOSICH, le savant slaviste,
par l'obligeant intermédiaire de M. Abel Hovelacque, qui revient d'un voyage
dans la région danubienne, un opuscule qui m'avait été déjà annoncé, mais dont
je n'avais pu prendre connaissance dans les publications de l'Académie de
Vienne, celles-ci n'étant accessibles au public, à la Bibliothèque nationale de
Paris, que trop longtemps après qu'elles ont paru. — L'écrit a pour titre : *Sur
les dialectes et les migrations des Bohémiens d'Europe* (Ueber die Mundarten und
die Wanderungen der Zigenner Europa's, von Franz Miklosich). Lu dans la
séance de la classe philos.-histor. de l'Acad. Imp. (de Vienne) du 21 février
1872. Wien, 1872, in-8° de 7 p.

Le but de l'auteur, dans ce court et substantiel écrit, est de relever les éléments tirés des langues du sud-est de l'Europe, qui se retrouvent dans divers
dialectes de la langue des Bohémiens d'Europe, et d'en tirer des inductions sur
« la première patrie européenne des Bohémiens » et sur « le chemin qu'ils ont
» suivi pour arriver de cette première patrie dans leurs demeures actuelles. »

En conséquence, il prend deux des dialectes bohémiens les plus éloignés du
sud-est de l'Europe, celui des Bohémiens russes, et celui des Bohémiens espagnols, en ayant soin de spécifier que, pour les premiers, il ne s'agit que de ceux
qui vivent dans le nord de la Russie, « car, ajoute-t-il, ceux qui vivent dans le
» sud de cet empire ne diffèrent pas des Bohémiens de Roumanie. » — Et, dans
le dialecte des Bohémiens russes, il relève un certain nombre de mots grecs [1],

---

[1] M. Miklosich déclare même, à propos de ceux-ci, qu'ils appartiennent au grec
du XIV⁰ et du XV⁰ siècle : — ce qui est bien probable pour la plupart, mais ce qui
demanderait, je crois, à être examiné de plus près, et sur un beaucoup plus grand
nombre de mots, — car les mots de chaque origine que cite le savant auteur sont très-
peu nombreux.

roumains, magyars, allemands et polonais ; d'où il tire la conclusion suivante :
« L'existence de ces mots dans la bouche des Bohémiens russes ne peut s'expli-
» quer que par la supposition qu'ils ont vécu parmi les Grecs, les Roumains,
» les Magyars, les Allemands et les Polonais, et chez tous assez longtemps pour
» emprunter des mots aux langues de ces peuples. D'après cela, les Bohémiens
» russes sont allés de Pologne en Russie... »

Puis, dans la langue des Bohémiens espagnols, il relève des mots grecs et
slaves (il n'est plus question ici, on ne sait pourquoi, d'emprunts faits au roumain et au hongrois). — « Donc, ajoute-t-il, d'après le témoignage de leur dia-
» lecte, les Bohémiens espagnols ont vécu parmi les Grecs et les Slaves du
» sud.....; et, dans leur passage du sud-est au sud-ouest de l'Europe, ils n'ont
» fait chez aucun peuple un séjour assez long pour s'approprier des éléments
» de sa langue. Par là se démontre la fausseté de l'idée que les Bohémiens
» espagnols pourraient être venus de l'Egypte dans leur résidence actuelle. »

Enfin, de la présence des éléments grecs dans la langue des Bohémiens russes
et espagnols, l'auteur conclut « qu'une terre habitée par des Grecs fut l'antique
» patrie (die ältere Heimat) de ces deux groupes. Mais, ajoute-t-il, ce qui est
» vrai pour ces deux groupes l'est également pour tous les autres groupes dans
» lesquels se décomposent les Bohémiens d'Europe, en sorte que nous sommes
» contraints d'admettre, dans le sens le plus large, pour antique demeure de
» tous les Bohémiens d'Europe, un pays grec. Celui qui tient compte des élé-
» ments bulgares, juxtaposés aux éléments grecs, qui se trouvent dans les
» dialectes bohémiens, sera porté tout d'abord à penser à l'ancienne Thrace. »
Et ici, M. Miklosich, citant mon ancien mémoire de 1844 (p. 442 ; tirage à
part, p. 7), remarque que je suis arrivé à peu près au même résultat par une
autre voie.

J'ajouterai ici une observation que M. M. rejette tout à la fin de son écrit :
il dit que l'action profonde de la langue grecque sur l'idiome des Bohémiens
d'Europe se manifeste, non-seulement par la présence des mots grecs, mais
aussi dans l'organisme de la langue ; et il donne pour preuve la terminaison en
os de quelques noms masculins (je les crois très-peu nombreux), et « l'adoption
» de l'article inconnu aux Bohémiens d'Asie, o et i, en grec ὁ, ἡ, phénomène qui
» a son pendant dans le passage de l'article des langues germaniques dans les
» langues slaves, l'article slave présentant encore ce rapport avec l'article bohé-
» mien, que tous les deux sont également éloignés d'un emploi régulier. »

M. Miklosich partage les Bohémiens d'Europe, d'après leur langue, en 12
groupes, et évalue leur nombre total à 600,000 (chiffre que je suis porté à
croire trop faible) ; et il arrive à une remarque bonne à noter : à savoir que
ces groupes bohémiens, constitués depuis longtemps, paraissent renfermer leurs
courses dans une circonscription politique ou ethnographique bien déterminée,
et qu'ils ne retournent pas dans le pays qu'ils ont une fois quitté ; en sorte qu'on
ne trouvera pas chez les Bohémiens polonais des mots russes, ni chez les Bohémiens turcs des mots magyars. L'auteur signale toutefois la tendance de certains
groupes à s'infiltrer chez d'autres, à peu près sans réciprocité : ceux de Hongrie

et de Transylvanie, par exemple, vont dans les Principautés danubiennes, et, par suite, l'idiome des Bohémiens roumains contient des mots magyars, tandis que celui des Bohémiens hongrois ne contient presque pas de mots roumains ; et quelque chose d'analogue se passe entre les Bohémiens allemands et les polonais : d'où il paraît résulter, dit l'auteur, que la nationalité polonaise, aussi bien que la nationalité roumaine, facilite l'immigration sur son territoire. — Je n'ai pas besoin d'ajouter que, pour être aussi exactes que le comporte un sujet si *ondoyant*, des remarques de cette nature demanderaient à être poursuivies dans le détail et fondées sur des observations très-multipliées. Cependant, telles qu'on les trouve ici, elles ont déjà leur intérêt.

En terminant, M. Miklosich déclare avec raison que l'opinion qui faisait arriver les Bohémiens en Europe vers le commencement du xve siècle seulement, et d'après laquelle Timour les aurait chassés de leur patrie indienne en 1399, est insoutenable ; et aux arguments fournis par l'étude de la langue bohémienne, il ajoute la mention des deux documents valaques de 1386 et 1387 (que j'ai fait connaître dans mon Mémoire de 1849, p. 20 du tirage à part, et qui ont été publiés depuis), et d'un autre non moins précieux, qui m'est sans doute également emprunté (*ibid.*, p. 11-12); car il reproduit une erreur que je suis heureux d'avoir l'occasion de rectifier : le passage de Symon Siméon que j'ai donné alors d'après Bryant, ainsi que j'ai eu soin de l'indiquer, n'ayant pu trouver l'ouvrage dans aucune bibliothèque publique de Paris, se rapporte, non à l'île de Chypre et à l'année 1432, comme le dit Bryant, mais à l'île de *Crète* en 1422, comme j'ai pu m'en assurer par l'acquisition du volume assez rare.

J'ai voulu donner avec suite l'analyse de cet écrit intéressant. Mais je ne terminerai pas sans revenir sur quelques-unes des affirmations qu'il contient. Je n'ai pas besoin de remarquer que ses principales conclusions et surtout sa tendance générale cadrent avec le résultat de mes propres études. Mais je rappellerai aussi que plusieurs des questions sommairement traitées ici sont très-complexes, et réclameraient de longues analyses, fondées sur des éléments qui nous font en grande partie défaut (je renvoie sur ce sujet à mes p. 50-52). M. Miklosich affirme l'identité de la langue des Bohémiens du sud de la Russie avec celle des Bohémiens de Roumanie : il devrait bien nous dire comment il connaît la langue des Bohémiens de cette région, si étendue et si diverse, qui s'appelle la Russie méridionale. Il parle aussi de la langue des Bohémiens de la Russie du Nord, comme d'une langue parfaitement connue. Pour mon compte, je ne connais, comme se rapprochant de cette région, que le vocabulaire assez restreint publié par M. Bœhtlingk, lequel a été recueilli parmi les Bohémiens de Moscou. Or Moscou est au centre de la Russie, et il reste toutes les parties immenses du Nord et de l'Est, sans parler de la Sibérie. J'ajoute que Moscou est une grande ville, ce qui est une raison de plus pour que les Bohémiens qui l'habitent, et qui sont relativement très-civilisés, puissent avoir eu, avec ceux du sud-est de l'Europe, des rapports que peuvent ne pas avoir eus ceux de tel ou tel groupe plus sauvage de l'Est et même du Nord. — Peut-être M. Miklosich est-il en possession de matériaux linguistiques que nous ignorons. Mais c'est ici

le lieu de regretter qu'il n'indique *aucune* de ses sources imprimées ou manus-
crites en ce qui regarde la langue, c'est-à-dire la matière même de son travail.
J'ai été particulièrement surpris de ne pas voir cité M. Paspati, qui doit, ce
semble, avoir été pour quelque chose dans les observations de l'auteur, notamment à l'endroit où il parle de l'article bohémien emprunté au grec et inconnu
aux Bohémiens d'Asie.

Du reste, cette absence de citations, jointe à l'extrême brièveté d'un travail
qui touche à des questions si complexes, me fait supposer et espérer que le
savant auteur n'a donné ici que la substance et comme le prospectus d'une
étude plus étendue, qui, d'après quelques indices sur le sens précis desquels je
demeure incertain (les premiers mots du premier alinéa rapprochés de ceux du
deuxième), semblerait même avoir déjà vu le jour. S'il en est ainsi, comme je le
souhaite vivement, — et comme le souhaiteront avec moi tous ceux qui s'intéressent à ce sujet, et qui savent tout ce que M. Miklosich peut y apporter
de science spéciale et profonde, surtout sur le terrain peu exploré des rapports
des Bohémiens avec le monde slave, — plusieurs de mes remarques tomberont;
mais je ne puis apprécier que ce que j'ai sous les yeux. Quoi qu'il en soit, j'apprends que cette communication, détaillée ou sommaire, a rencontré à l'Académie de Vienne de savants contradicteurs, — circonstance peu surprenante,
puisqu'elle heurte les idées reçues, mais qui n'empêche pas la thèse générale
de M. Miklosich d'être parfaitement juste.

Ce que je tiens à remarquer, c'est qu'il ne suffit pas d'avoir raison en gros
dans une étude de ce genre. Il faut voir les questions par tous leurs côtés,
tenir compte des exceptions qui auraient de l'importance, et même indiquer les
lacunes où des exceptions de cette nature peuvent se rencontrer. Par exemple,
M. Miklosich constate, comme je l'avais déjà fait par une autre voie
(Mémoire de 1844, p. 49 du tirage à part), que les Bohémiens durent entrer
en Espagne par les Pyrénées. Il n'est guère douteux que ce fut en effet le
chemin suivi par le plus grand nombre; mais si l'on pouvait constater qu'il en soit
venu aussi d'Afrique ou par l'Afrique, et qu'il y ait eu ainsi un autre courant de
migration vers l'Europe occidentale, le fait aurait de l'importance. Or quelques
indices sembleraient l'indiquer. Tel est le nom de *busno* employé par les Gitanos
pour désigner les étrangers et qui ne s'est retrouvé jusqu'ici que chez une tribu
des Bohémiens d'Egypte (voy. ici même, p. 40-41). Le *latcho diclo* (voy.
p. 26), qui n'a été constaté jusqu'ici que chez les Bohémiens d'Espagne et du
Piémont, a aussi son intérêt dans la question : cet usage aurait-il été importé
par des Bohémiens venus d'Afrique, ou par quelques tribus chassées des grandes
îles de la Méditerranée orientale par l'invasion turque, comme le gros de l'émigration l'a été, je n'en doute pas, du sud-est de l'Europe ? Voilà de ces questions
qu'il est bon de ne pas perdre de vue. Ce qui paraît certain, c'est que, de nos
jours, des Bohémiens passent de temps en temps d'Espagne en Afrique ; et,
quoique la réciproque soit d'autant moins forcée que les Bohémiens sont nombreux en Espagne et peu nombreux en Barbarie, elle semble assez probable. —
Le nom de *Ciganos*, donné aux Bohémiens du Portugal, serait peut-être égale-

ment à considérer ; mais je ne veux pas m'arrêter à rechercher son explication la plus vraisemblable.

Il y aurait aussi un intérêt particulier à savoir si les éléments hongrois se retrouvent, du moins en aussi grand nombre et sous les mêmes formes, chez les Bohémiens de Pologne, de Lithuanie, de Bohême, que chez les autres, et à rechercher tout ce qui, dans la langue, pourrait être un indice de l'antique séjour des Bohémiens, non-seulement de la Thrace, mais de plusieurs autres contrées de l'Europe orientale, dans les pays qu'ils habitent aujourd'hui.

Mais je répète que quelques-unes de mes observations peuvent être mises à néant par la connaissance d'une publication plus étendue, si elle existe. Le tort, dans ce cas, du petit écrit que j'ai sous les yeux, est de ne pas en donner l'indication positive.

ERRATA.

Il s'est glissé dans mon premier article quelques fautes d'impression, notamment p. 5 et 24 dans l'orthographe et l'accentuation des mots hongrois, pour lesquels les caractères d'imprimerie manquaient. Je compte à cet égard sur l'indulgence du lecteur, et je ne relèverai que les *errata* suivants :

— P. 5, ligne 2 : *lisez :* M. LISZT.

— Même p. 5, ligne 22 du texte et 6 de la note 1: *lisez :* Mlle Klara Lœvei (l'*œ* remplaçant ici l'*o* surmonté d'un tréma).

— P. 6. Ici se place, à propos des articles de la *Revue de Buda-Pest,* une rectification importante qu'on trouvera expliquée p. 58.

— Même p. 6, 6e ligne du texte en remontant : ce qu'il importait; *lisez :* ce qu'il importait le plus.

— P. 18, 3e ligne en remontant : Haase : *lisez :* Hasse.

— P. 20, 2e ligne en remontant : angue : *lisez :* langue.

— P. 24, 1re ligne du dernier alinéa : linguistique : *lisez :* philologie. — J'ai du reste employé plusieurs fois, dans ce premier article, les mots *linguiste* et *linguistique* sous la forme adjective ou substantive, dans le sens général de leur étymologie, ce qui est souvent commode, mais ce qui, tout considéré, n'est pas bien correct, ces mots servant à désigner tout spécialement une science nouvelle parfaitement distincte de la philologie en général et de la connaissance de telles ou telles langues en particulier.

— P. 26, ligne 3 de la note 2 : en Espagne probablement, par.... : *lisez :* en Espagne, probablement par.....

— P. 41, ligne 11-12 : note 1 de la p. précéd.: *lisez :* note 1 de la présente page.

---

1. A son premier travail, M. F. Muller vient d'ajouter un supplément, de 18 p. in-8°, publié sous le même titre et chez le même éditeur, Wien, 1872.

TABLE DES MATIERES.

IIᵉ ARTICLE. *Études sur les Tchinghianés ou Bohémiens de l'Empire ottoman,* par Alexandre G. Paspati. 1870.

NOTES ADDITIONNELLES. IIIe ARTICLE, complémentaire des précédents.

FIN.

Nogent-le-Rotrou, imprimerie de A. Gouverneur.

www.ingramcontent.com/pod-product-compliance
Lightning Source LLC
Chambersburg PA
CBHW061250060726

47596CB00002B/521